Helmut Konrad von Keusgen

Die Kanonen von Saint Marcouf
Deutsche Küsten-Batterien Azeville und Crisbecq

Diese Neuauflage obliegt dem Originaltext mit der alten deutschen Rechtschreibung.

Druckhinweis:

Libri Plureos GmbH
Friedensallee 273
22763 Hamburg

Die Kanonen von Saint Marcouf

Deutsche Küsten-Batterien Azeville und Crisbecq

Helmut Konrad von Keusgen

Inhalt

Dieses Buch widme ich einem mir namentlich unbekannten Mann, dem ich nur ein einziges Mal und für einen kurzen Moment in meinem Leben begegnete: Im Jahr 1973 auf dem Terrain der ehemaligen Marine-Küsten-Batterie bei Saint Marcouf. Er war einer von 19 Millionen deutscher Soldaten des Zweiten Weltkrieges – und einer von Millionen Traumatisierter.

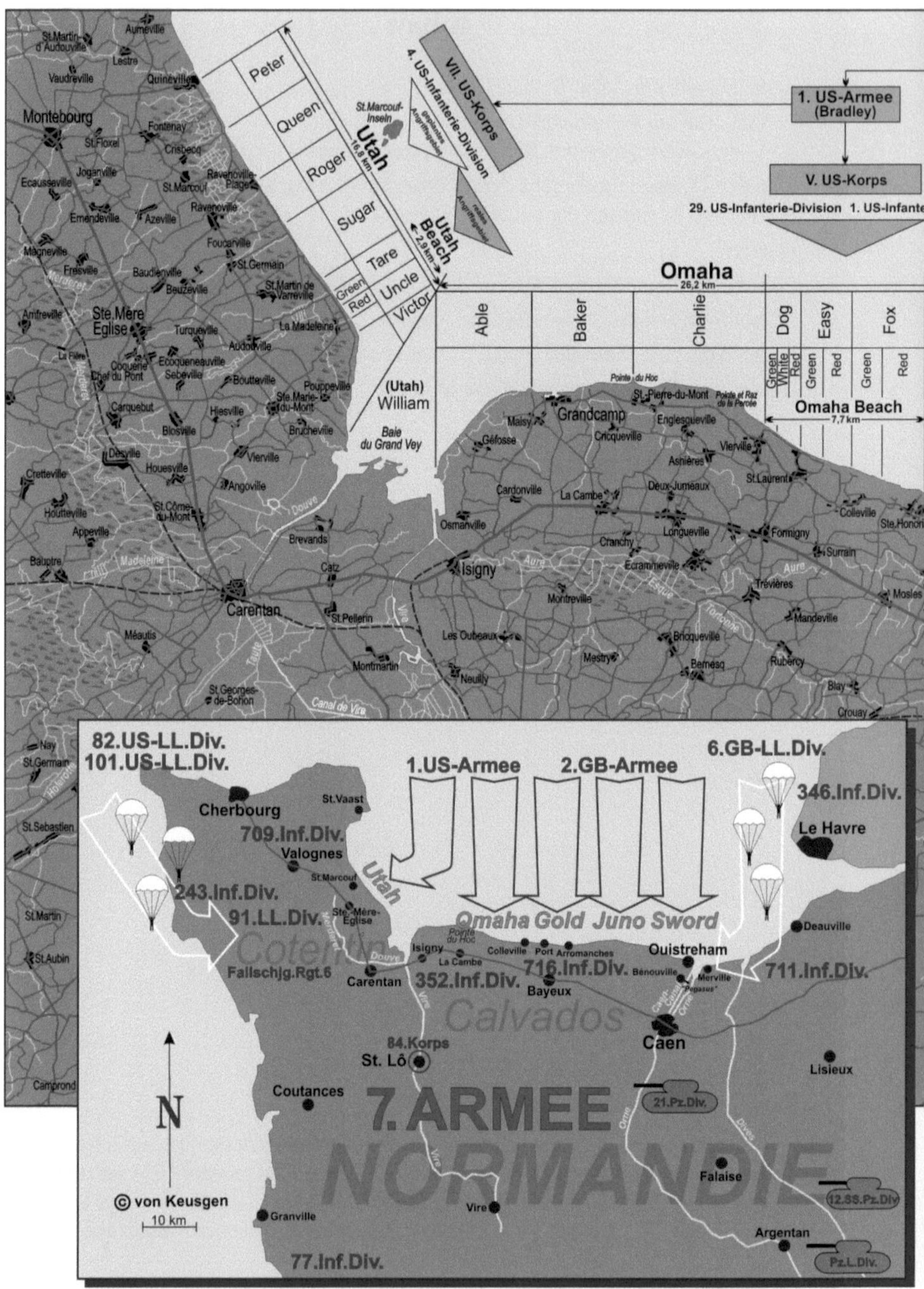

St.Martin-d'Audouville
Aumeville
Lestre
Vaudreville
Quineville
Montebourg
Fontenay
St.Floxel
Crisbecq
Joganville
Ecausseville
St.Marcouf
Ravenoville-Plage
Emondeville
Azeville
Ravenoville
Magneville
Foucarville
Fresville
Baudienville
St.Germain
Beuzeville
St.Martin de Varreville
Amfreville
Ste.Mère Eglise
Turqueville
La Madeleine
La Fière
Audouville
Coquerie Chef du Pont
Ecoqueneauville
Sebeville
Boutteville
Pouppeville
Carquebut
Hiesville
Ste.Marie-du-Mont
Blosville
Brucheville
Cretteville
Desville
Vierville
Houesville
Angoville
Houtteville
St.Côme-du-Mont
Appeville
Baupte
Madeleine
Catz
Brevands
Carentan
St.Pellerin
Méautis
Montmartin
St.Georges-de-Bohon
Canal de Vire
Nay
St.Germain
St.Sebastien
St.Martin
St.Aubin
Camprond

Peter
Queen
Roger
Sugar
Tare
Uncle
Green Red
Victor
Utah
16,8 km
St.Marcouf-Inseln
Utah Beach
2,9 km
geplante Angriffsgebiete
reales Angriffsgebiet

4. US-Infanterie-Division
VII. US-Korps
(Utah) William
Baie du Grand Vey

1. US-Armee (Bradley)
V. US-Korps
29. US-Infanterie-Division   1. US-Infante

Omaha
26,2 km
Able
Baker
Charlie
Dog
Easy
Fox
Green White Red
Green Red
Green Red
Omaha Beach
7,7 km

Pointe du Hoc
St.Pierre-du-Mont
Pointe et Raz de la Percée
Grandcamp
Englesqueville
Maisy
Cricqueville
Vierville
Géfosse
Ashières
St.Laurent
Cardonville
La Cambe
Deux-Jumeaux
St.Honorir
Osmanville
Longueville
Formigny
Colleville
Cranchy
Surrain
Ecrammeville
Isigny
Aure
Trévières
Mosles
Montreville
Esque
Les Oubeaux
Mestry
Briqueville
Mandeville
Neuilly
Bernesq
Rubercy
Blay
Crouay

82.US-LL.Div.
101.US-LL.Div.
6.GB-LL.Div.
1.US-Armee
2.GB-Armee
346.Inf.Div.
Cherbourg
St.Vaast
Le Havre
709.Inf.Div.
Valognes
St.Marcouf
243.Inf.Div.
Ste.Mère-Eglise
91.LL.Div.
Utah
Cotentin
Omaha Gold Juno Sword
Deauville
Fallschjg.Rgt.6
Isigny
Pointe du Hoc
Colleville   Port   Arromanches
Ouistreham
711.Inf.Div.
Carentan
La Cambe
716.Inf.Div.
Bénouville
Merville
352.Inf.Div.
Bayeux
"Pegasus"
Calvados
Caen
Douve
Orne
84.Korps
St. Lô
Lisieux
Coutances
7.ARMEE
21.Pz.Div.
N
NORMANDIE
Falaise
12.SS.Pz.Div
© von Keusgen
10 km
Granville
Vire
Argentan
Pz.L.Div.
77.Inf.Div.

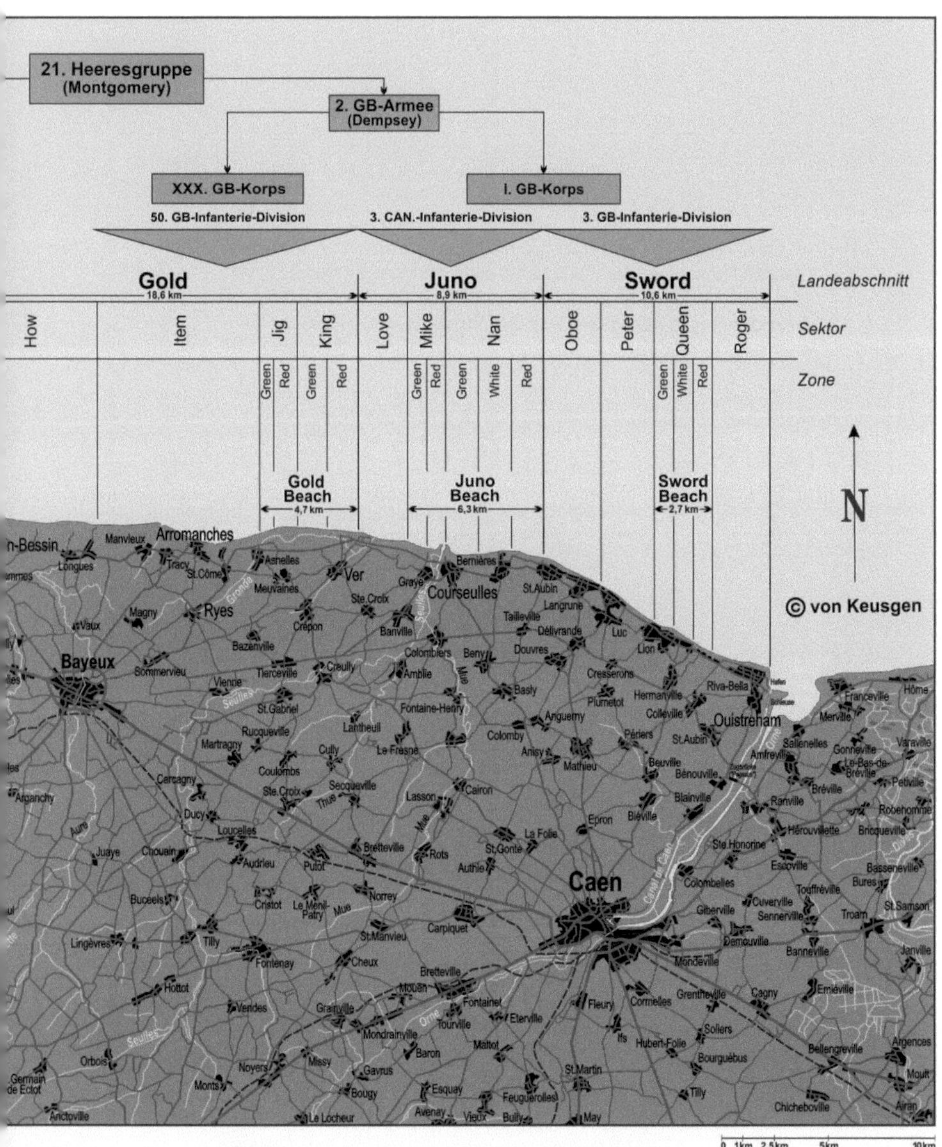

Normandie
D-Day 6. Juni 1944

Ausblick vom Terrain des ehemaligen Stützpunktes der Marine-Küsten-Batterie Marcouf auf das 2.800 Meter entfernte Meer mit jenem Strand, den die Amerikaner am 6. Juni 1944 als ihren Landeabschnitt "Utah" bezeichneten. In Strandnähe liegt die Ortschaft Les Gougins.

Foto: von Keusgen 2004

Portrait: Helmut Konrad von Keusgen
– ein Leben gegen den Krieg von Volker Gremler

Helmut Konrad von Keusgen im Jahr 2018 – seit 45 Jahren auf den Spuren der großen Invasion in der Normandie.   **Foto: Elodie**

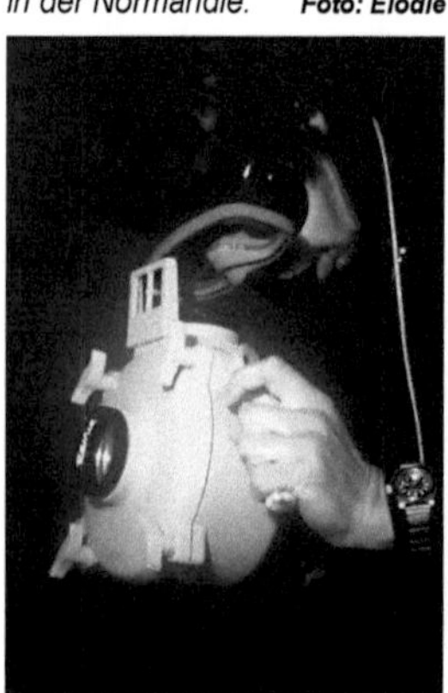

Ein interessanter Tauchgang vor dem ehemaligen amerikanischen Landeabschnitt „Omaha Beach": Von Keusgen 1973 an einem Sherman-Panzer, der 1944 während der Landung in den Fluten versunken war.
Foto rechts: J. Lemonchois
Foto links: M. Schnüll 1973

Von Keusgens Taucheinsatz anläßlich an den Senkkästen der von Großbritannien herübergebrachten Hafenanlage vor Arromanches.

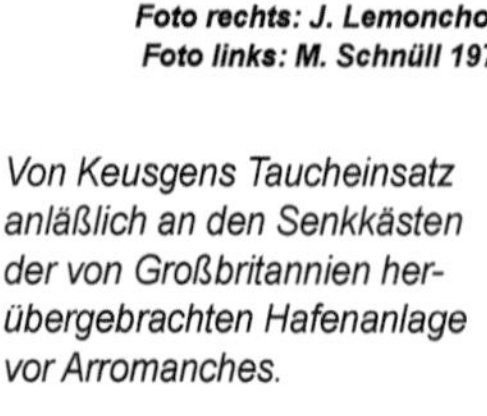

Inspiriert und motiviert durch die eindrucksvollen Berichte seines Großvaters von der Westfront des Ersten Weltkriegs und seines Vaters von der Ostfront des Zweiten Weltkriegs sowie dem Kriegstrauma aller seiner Familienangehörigen widmete der 1948 in Hannover geborene Helmut Konrad von Keusgen sich seit seiner Jugend der Spurensuche menschlicher Kriegsschicksale. Sein Weg führte ihn über viele Schlachtfelder Europas. Als er bereits als 21-jähriger 1969 mit der Taucherei begann, faszinierte ihn der Atlantik. Von Calais die nordfranzösische Küste hinab führte der Weg den gelernten Plakatmaler, Grafiker und späteren Werbeunternehmer bis zum *Utah Beach*.

Von Keusgen in einer der Kasematten der Marine-Küsten-Batterie Longues: Munitionsfund.

Lampenkorb der Steuerbord-Positionslampe des 1944 vor „Utah" infolge Seeminenkontaktes gesunkenen US-Zerstörers „Corry" – 1973 durch von Keusgen demontiert.

Bild unten links: Von Keusgen in einer der Kasematten der Marine-Küsten-Batterie Longues: Munitionsfund.

Anläßlich seiner alljährlich mehrmaligen Exkursionen entlang der normannischen Küste, besuchte von Keusgen sämtliche von der Invasion betroffenen Stätten.
Bild oben links: Der große Beobachtungsbunker der damaligen Marine-Küsten-Batterie Longues auf den Klippen vor Longues-sur-Mer.
Bild oben rechts: Schwimm-Mole des damaligen künstlichen Hafens im britischen Landeabschnitt „Gold Beach" vor Arromanches.
Fotos: M. Schnüll 1973

Erst das väterliche, dann das eigene Werbegeschäft ermöglichten ihm die notwendige Unabhängigkeit für seine häufigen Exkursionen. Seit einer für ihn äußerst eindrucksvollen Begegnung im Jahr 1973 mit einem Veteranen auf dem Gelände der ehemaligen Marine-Küsten-Batterie Marcouf sowie dem ersten Treffen mit dem damaligen Kartenzeichner aus Rommels Stab begann von Keusgen mit ernsthaften Recherchen zum Thema *D-Day 1944*. Und noch etwas, das

Granatenfund an einer ehemaligen deutschen Hinterhangstellung.
Fotos: M. Schnüll 1973

er zur selben Zeit erlebte, hatte ihn dazu bewogen: Ein Tauchgang am *Omaha Beach* zu einem der am 6. Juni 1944 während der Landung versunkenen Sherman-Panzer. In ihm fand von Keusgen die Überreste der einstigen Besatzung.

Bereits in den 80er und 90er Jahren erschienen mehrere Bücher von ihm zu anderen Themen. Doch erst ein besonderes Ereignis war es, das von Keusgen veranlaßte, 1993 trotz nicht unerheblicher wirtschaftlicher Erfolge aus seinem Werbegeschäft auszusteigen und sich gänzlich der Militär-Historie zuzuwenden. Ausschlaggebend für diese konsequente Entscheidung war die schicksalhafte Begegnung mit einer 77-jährigen Französin in Ste.-Mère-Église in der Normandie. Sie vermittelte ihm durch ihre eigenen Kriegserlebnisse ein eindrucksvolles Beispiel der Völkerverständigung und Völkerfreundschaft zwischen Franzosen und Deutschen.

Nach 30 Jahren intensiver Recherchen begann von Keusgen 1999 mit den ersten Publikationen zu diesem Thema. Rein autodidaktisch und nie geschult, gelang es ihm inzwischen, einen ganz eigenen, neuen Stil der Berichterstattung militärischer Ereignisse zu entwickeln – sensibler, akribischer und vordergründig menschliche Schicksale vermittelnd. Außerdem ist von Keusgens Schreibweise völlig unparteiisch und unpathetisch. Er beschreibt nicht nur die kriegführenden Parteien ausführlich, sondern beschäftigt sich auch eingehend mit den Erlebnissen der vom Krieg betroffenen Franzosen. Als Grafiker gestaltet er sämtliche Pläne für seine Bücher, die bereits in vier Sprachen weltweit vertrieben werden, selbst. Von Keusgen läßt nichts unbeachtet, beschreibt ebenso detail liert militärische Anlagen, Waffentechnik und Kampfhandlungen, wie die Schicksale der in das Kriegsgeschehen geratenen Menschen und läßt keine Fragen offen. Mit dem Gespür eines Detektivs und der Akribie eines Forschers verfolgt er jede Spur, rekonstruiert die Ereignisse anhand vieler Zeugenaussagen, Korrespondenzen, offizieller Dokumente und historischen Bildmaterials. Er vermittelt dem Leser somit genauste und höchst komplexe Informationen. Von Keusgen schließt Lücken und korrigiert bisher bestehender nüchterner und von Publikation zu Publikation weitergegebener, nicht selten fehlerhafter Fakten und Darstellungen mit einer Masse höchst interessanter Details. So gelingt es ihm, seinem ursprünglichen Beruf folgend, vor den Augen seiner Leser „Bilder zu malen" – höchst anschauliche und beeindruckende Bilder, die eine unmittelbare Teilnahme an den Geschehnissen von damals vermitteln. Seine Publikationen finden international höchst positive Resonanzen.

Von Keusgens ausführliche Schilderungen, zu denen er auch militärische Berater und Informationen offizieller behördlicher Stellen hinzuzieht, basieren auf seinem Vorteil, sich seit fünf Jahrzehnten mit dem D-Day-Thema beschäftigt zu haben. In dieser Zeit befragte er nachweislich 446 von Veteranen aller beteiligten Nationen. Begünstigend kommt noch hinzu, daß sich der Schriftsteller, dessen Familie ihren Ursprung in Belgien fand, den damaligen Südlichen Niederlanden, und der sich diesem Land sowie Nordfrankreich besonders verbunden fühlt und sich seit 1990 auch in der Normandie etabliert hat. Seinen komplexen, auf die Historie bezogenen Ausarbeitungen kann man nichts mehr hinzufügen. Eine der Besonderheiten seiner Bücher besteht darin, daß von Keusgen immer wieder Bildmaterial von Personen publiziert, das noch niemals veröffentlicht wurde, und wichtige Persönlichkeiten benennt, deren Existenz längst in Vergessenheit geraten war. Spätere Historiker-Generationen können nur noch von ihm abschreiben...

Der exzellente Kenner der Normandie und der dortigen örtlichen Verhältnisse führte mehr als zehn Jahre lang alljährlich große Gruppen an der D-Day-Historie Interessierter über die dortigen Kriegsschauplätze. Ihm liegt daran, die ganze und wahre Geschichte zu berichten, so ausführlich wie möglich. Nach von Keusgens bereits veröffentlichen themenbezogenen Büchern, insbesondere nach seinem Bestseller *WN 62 – Erinnerungen an Omaha Beach*, ein Buch, das er als Ghostwriter für den Veteranen Hein Severloh schrieb, gelang ihm hier mit *Die Kanonen von Saint Marcouf* ein weiteres Meisterwerk. Was seine Publikationen so besonders macht, ist nicht nur die Fülle an Informationen, sondern die erfreuliche Tatsache, daß seine Bücher über den Krieg in Wahrheit Bücher gegen den Krieg sind.

Volker Gremler,
Waffen-Sachverständiger
und freier Fachautor der Zeitschrift *Deutsches Waffenjournal*

Plan des Landeunternehmens der Alliierten am 6. Juni 1944und die Positionen der deutschen Divisionen

Die Invasion der Alliierten begann am 6. Juni 1944 in der Seine-Bucht, erfolgte auf einer Frontbreite von 87 Kilometern *(zuzüglich zweier Luftlanderäume, total 99 Kilometer)* in 5 Landeabschnitten und wurde mit schweren Bombardierungen und diversen Täuschungsmanövern eingeleitet. Ab Mitternacht wurden die Luftlandeunternehmen an den Flanken des Invasionsraums mit sogenannten *Pfadfindern* begonnen. Sie markierten die Absprungzonen für nachfolgende Fallschirmjäger und die Landeräume für Lastensegler, deren Landungen ab 1:15 Uhr einsetzten. Der erste Soldat der Alliierten landete um 0:11 Uhr auf französischem Boden.

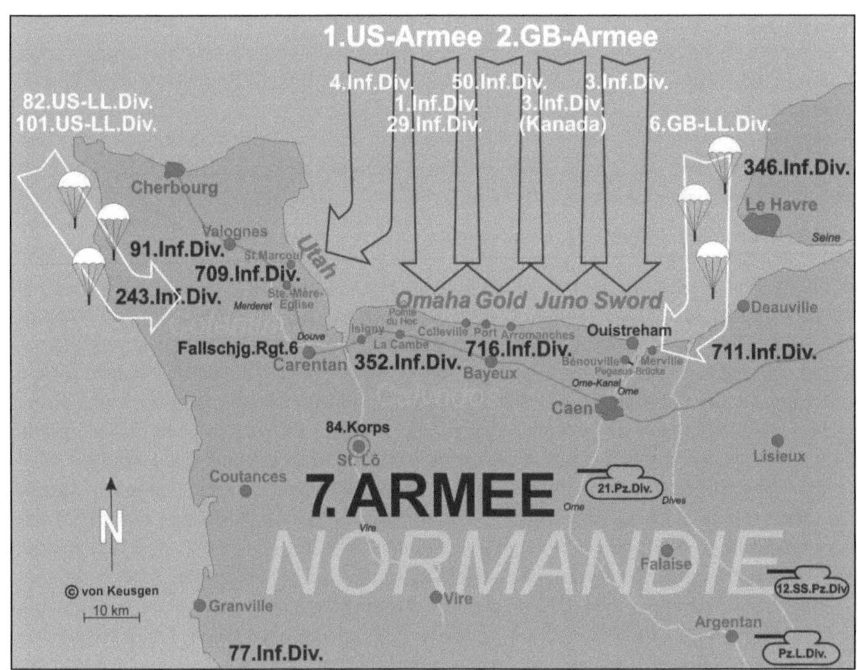

Ab 5:55 Uhr wurde von See her das Trommelfeuer auf die deutschen Küstenbefestigungsanlagen von Kriegsschiffen aus eröffnet. Die maritimen Truppenanlandungen begannen ab 6:32 Uhr. Die beiden Landeabschnitte der Amerikaner trugen die Decknamen *Utah* und *Omaha*, die beiden der Briten *Gold* und *Sword,* der Abschnitt der Kanadier *(und Briten)* wurde *Juno* benannt.

Der Angriff erfolgte mit 5.339 Schiffen und 12.837 Flugzeugen, die am ersten Tag der Invasion 9 Divisionen mit 156.000 Mann, Panzern, Geschützen und Fahrzeugen an der Küste der Normandie an Land brachten. Weitere 2,6 Millionen Mann folgten in den nächsten Tagen und Wochen – insgesamt 37 Divisionen. Am *D-Day*, dem ersten Tag der Landeoffensive, standen den ersten 10 Divisionen der Alliierten im Invasionsraum nur drei deutsche Divisionen gegenüber.

Vorwort

Im April 1973, fast 29 Jahre nach dem *D-Day*, der Landung der Alliierten in der Normandie, bereiste ich anläßlich einer meiner ersten Exkursionen auf den Spuren der großen Invasion vom 6. Juni 1944 mit einem ebenfalls an der Historie interessierten Freund die östliche Flanke der normannischen Cotentin-Halbinsel. Ich war damals 24 Jahre alt.

Eher zufällig waren wir, von Sainte-Mère-Église kommend, in Richtung des nur noch 9,5 Kilometer entfernten Meeres gefahren. Gerade erst an einigen gewaltigen Bunkerburgen nahe der kleinen Ortschaft Azeville vorbeigekommen, fesselte ein riesiger Geschützbunker links neben der schmalen Straße zum Dorf Crisbecq unsere Aufmerksamkeit. Das Besondere an diesem Bunker war, daß seine 3,5 Meter dicke und mehr als 1.200 Tonnen schwere Betondecke im hinteren Bereich bis auf den Boden eingestürzt war. Wir konnten uns einer gewissen Faszination betreffs dieses wie getötet anmutenden Betonmonsters nicht erwehren. Wir stiegen aus dem Auto und betraten den mit hohem Brombeergesträuch und jungen Bäumen fast gänzlich zugewachsenen alten Militärstützpunkt. Da und dort ragten im Umfeld des Bunkers noch einige graue Betonwände aus der Erde, halb überwachsen von Gesträuch und Efeu. Das ganze Gelände mutete nicht besonders einladend an, hatte eher etwas Unheimliches, Grausames...

Im Moment, da wir gerade einige Fotos von der riesigen Kasematte aufnehmen wollten, stand plötzlich und gänzlich unvermittelt ein Mann direkt neben uns. Wir erschraken, denn wir hatten ihn auf dem unübersichtlichen Gelände nicht kommen sehen – außerdem sah er schrecklich aus; sein ganzes Äußeres war völlig verwahrlost, seine Kleidung verschmutzt, das Gesicht von langen Bartstoppeln verdunkelt und die Haare ungepflegt. Er war hager, ausgezehrt und etwa fünfzig Jahre alt. In einwandfreiem Deutsch mit einem Akzent, der auf eine Herkunft aus Friesland schließen ließ, sprach er uns sofort an, fragte, ob er uns etwas zu dem damaligen deutschen Stützpunkt erzählen sollte. Wir waren über das plötzliche Erscheinen dieses äußerst verstört wirkenden und heruntergekommenen Mannes gleichermaßen erschreckt wie überrascht. Mit hektischen Bewegungen und schnellen, kurzen Schritten ging er dicht an uns vorbei, blieb vor der offenen Scharte des halbzerstörten Betonkolosses stehen und mit heftigen, abrupten Gebärden erklärte er, daß wir uns auf dem Gelände der ehemals schweren deutschen Marine-Küsten-Batterie Marcouf befänden.

Unschwer war zu erkennen, daß es sich bei diesem seltsamen, verwahrlosten Mann um einen psychisch gestörten Menschen handelte. Er war uns unheimlich, als er mit seinen großen dunklen Augen und unstetem, flackernden Blick zu uns sprach – eher vor sich hin

Rätselhaft erschien uns die Ursache, die diesen mächtigen, aus Stahlbeton gegossenen Geschützbunker zum Einsturz bringen konnte.
Foto: von Keusgen 1973

Bild unten links: Eine der beiden Kasematten der ehemaligen Küstenbatterie Marcouf mit ihrer eingestürzten 3,5 Meter dicken Abdeckung.
Foto: von Keusgen 1973

Der Autor im Gespräch mit dem Zeitzeugen Bernard Jaunet, dem Bürgermeister des unweit der Marine-Küsten-Batterie Marcouf gelegenen Saint Floxel, auf dem wieder freigelegten Batterie-Terrain nahe des nur aus wenigen Häusern bestehenden Dorfes Crisbecq.
Foto: K. C. Röhrs 2004

redete. Er sprach auf eine Weise, als seien wir für ihn nur imaginär, gar nicht wirklich anwesend. Hektisch, mit kurzen, abgehackten Sätzen, redete er mit seiner tiefen Stimme vor sich hin, erzählte irgend etwas vom Krieg, von damals, und davon, daß er dabei gewesen war. Schreckliches habe sich an diesem Ort zugetragen – und seine Augen nahmen uns nicht wahr, sie blickten nur in die Vergangenheit.

Weil wir mit den zusammenhanglos und verworren erscheinenden Aussagen dieses mysteriösen Menschen nicht viel anfangen konnten und er, je länger er sich in unserer Nähe aufhielt, immer unheimlicher erschien, verabschiedeten wir uns mit knappen Worten, dankten für seine freundlichen

Ausführungen und wandten uns ab, um zu meinem nicht weit entfernt geparkten Wagen zurückzukehren.

„He!" rief er uns nach.

Fast an meinem Fahrzeug angekommen, blickten wir nochmals zurück. Der Mann stand immer noch vor der wie ein zahnloses Riesenmaul anmutenden Scharte der riesigen Kasematte. Mit einer Hand deutete er hinein, dann rief er uns zu: „Da hinten d'rin, wo die Decke eingestürzt ist, da liegen sieben Mann – meine Kameraden!"

Als wir nur wenige Schritte später meinen Wagen erreicht hatten, sahen wir uns ein weiteres Mal um, doch der unheimliche Kriegsveteran war verschwunden.

Erst im Frühjahr 1978 kam ich wieder zu diesem sonderbaren Ort mit seiner makaber wirkenden Kasematte nahe den Ortschaften St. Marcouf und Crisbecq zurück. Außer daß die ohnehin sehr üppige Vegetation in der Normandie im Laufe der Zeit das Terrain des ehemaligen deutschen Stützpunktes mit seiner großen Batterieanlage noch weiter überwuchert hatte, gab es nichts, das an diesem Ort verändert war. So blieb es auch die vielen Jahre lang, in denen ich das unübersichtliche Terrain noch mehrmals besuchte. Auch hatte ich inzwischen einiges über die Historie dieser Anlage in Erfahrung bringen können, und je mehr ich mich mit der Geschichte der Marine-Küsten-Batterie Marcouf beschäftigte, um so wichtiger erschien mir jener merkwürdige Mann von damals als Informant – doch ich habe ihn nie wieder gesehen.

Am 4. Juni 2004, als ich im Rahmen meiner Recherchen anläßlich der anstehenden Feierlichkeiten zum 60. Jahrestag des *D-Day* wieder einmal das Areal nahe Crisbecq besuchte, war ich äußerst überrascht, plötzlich vor einer völlig freigelegten Batterie-Anlage zu stehen. Wo bis vor wenigen Monaten hohe Bäume, dichtes Gebüsch und wucherndes Efeu den alten Stützpunkt verborgen hatten, befand sich nun wieder der nördliche Teil der Anlage der MKB *(Marine-Küsten-Batterie)* Marcouf in fast genau jenem Zustand, wie in den letzten Tagen vor ihrem Fall – nur ohne Waffen. Als ich dann vor dem von Bäumen und Dickicht befreiten großen Bunker mit der eingestürzten Abdeckung stand, erschien in meiner Erinnerung wieder jener verwirrte Mensch, der im Jahr 1973 davon gesprochen hatte, daß auf diesem Terrain im Krieg Schreckliches geschehen war. Er wollte uns damals die ganze Geschichte erzählen...

Nachdem ich im Verlauf von vielen Jahren etliche andere Informanten getroffen habe, bin nun ich es, der diese Geschichte mitteilt, aber ich glaube, der meinem Freund und mir damals so unheimlich erschienene, verstörte Kriegsveteran hätte sie sicher noch eindrucksvoller erzählt...

Wenn man von der MKB Marcouf *(so die offizielle deutsche Bezeichnung)* berichten will, ist es unerläßlich, auch die nur zwei Kilometer süd-westlich davon gelegene HKB *(Heeres-Küsten-Batterie)* bei Azeville zu erwähnen. Da die Amerikaner die MKB Marcouf nach ihrer Einnahme als Batterie Crisbecq benannten *(nach dem noch näher an der Batterie gelegenen Ort)*, und sowohl die MKB wie auch die HKB in der Nähe von St. Marcouf liegen, ich auch nunmehr von beiden berichte, fasse ich sie zusammen unter dem Titel **Die Kanonen von Saint Marcouf**.

Helmut Konrad von Keusgen

Deutsche Artilleristen bereiten Granaten und Kartuschen (Treibladungen) zum Schießen mit ihrer 10,5-cm-Haubitze vor.

Foto: Archiv Gerstenberg

Plan der schweren Heeres-Küsten-Batterie Azeville

Erklärungen zum Plan *(Stand vom 6. Juni 1944)*

1. *Kasematte Nr. 1 des Regelbau-Typs H 671 (in der Baufolge der errichteten Kasematten war diese die letzte; auf ihrer Abdeckung wurde eine feldmäßige Stellung für ein 3,7-cm-Abwehrgeschütz errichtet heute ist der Bunker als Museum ausgebaut).*

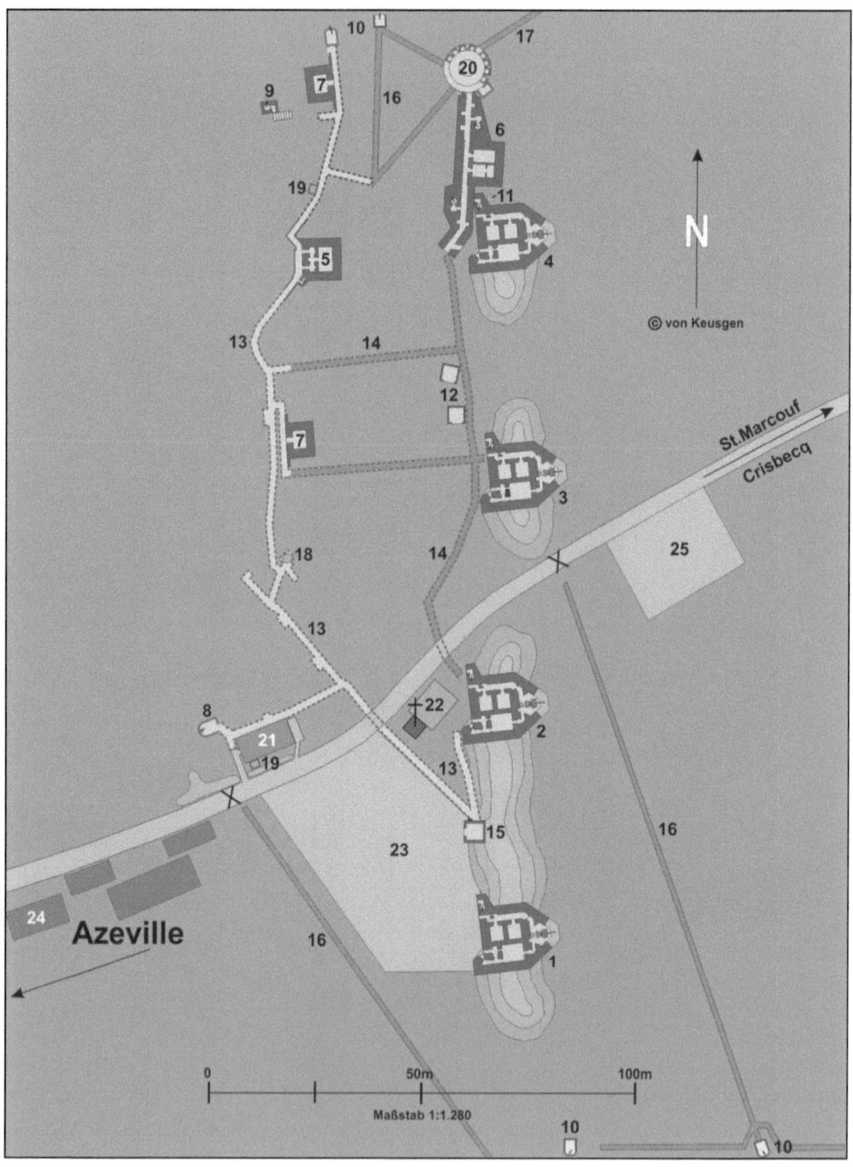

2. *Kasematte Nr. 2 des Regelbau-Typs H 671 (in ihr befand sich der Hauptgefechtsstand und die Fernmeldezentrale).*
3. *(Die Kasematten Nr. 1 und Nr. 2 waren durch Erdaufschüttungen indirekt miteinander verbunden).*
4. *Kasematte Nr. 3 des Regelbau-Typs H 650*
5. *Kasematte Nr. 4 des Regelbau-Typs H 650 (auf ihrer Abdeckung wurde im Zuge der Bauarbeiten eine umbaute Stellung für ein 3,7-cm-Fliegerabwehrgeschütz errichtet).*
6. *(Alle vier Kasematten hatten denselben Grundriß und in ihnen waren 10,5-cm-Geschütze des Typs Schneider K 331 Modell 1936 installiert.)*
7. *Unterirdischer Unterstand des Typs R (Regelbau) 621 (Unterkunft für 10 Wachsoldaten).*
8. *Unterirdischer Unterstand des Typs R 134 SK (wurde als Apotheke und Sanitätsstelle sowie für ein Aggregat zur Stromerzeugung genutzt).*
9. *2 unterirdische Unterstände des Typs VF 2b (= verstärkter feldmäßiger Unterstand; unbenutzte Munitionslager, von denen der nördliche dann als erster Batteriegefechtsstand diente / Büro Kattnig).*
10. *Betonierter MG-Stand mit einem Maschinengewehr auf einer Drehlafette.*
11. *Tobruk-Stand (betonierter 1-Mann-MG-Stand; nach Rommels Idee und ersten Modellen anläßlich des Nordafrika-Feldzugs).*
12. *4 kleine, betonierte Unterstände (Beobachtungs- oder MG-Stände, alle verschiedener Ausführung).*
13. *Offene, feldmäßige MG-Stellung.*
14. *2 Bunker für Infanterie-Munition.*
15. *Betonierter, unterirdischer Tunnel.*
16. *Improvisierter, unbetonierter, mit Wellblech-Halbschalen überdeckter Tunnel.*
17. *Betonierter Eingang zur Tunnelanlage.*
18. *Laufgräben in direktem Verlauf (ohne den sonst üblichen Zick-zack-Splitterschutz-Verlauf).*
19. *Laufgraben (der nach 45 Metern in nordöstlicher Richtung in eine offene, feldmäßige MG-Stellung mündet).*
20. *Quelle / artesischer Brunnen (im Tunnel)*
21. *2 Brunnen mit Wasserreservoir.*
22. *Eine von ehemals 4 Betonplattformen, auf denen die 10,5-cm-Geschütze bis zur Fertigstellung der Kasematten platziert waren. Auf dieser letzten stand dann vorübergehend eine 3,7-cm-Fliegerabwehrkanone (die später ein einem speziellen Stand auf der Abdeckung der Kasematte Nr. 4 installiert wurde).*
23. *Casino-Baracke*
24. *Löschwasserbecken und Kalvarien-Kreuz*
25. *Appellplatz*
26. *Das Haus in Azeville, in dem Batteriechef, Hauptmann Dr. Treiber, einquartiert war.*
27. *Lagerplatz für Baumaterial.*

Das gesamte Terrain des Stützpunktes der HKB Azeville wurde bereits 1944 und kurze Zeit nach den Kampfhandlungen von den Amerikanern mittels Bulldozern eingeebnet. Da es bis dahin keine kartographische Erfassung des Stützpunktes gab, war später das Nachvollziehen aller Laufgräben sowie der Stacheldrahtverhaue *(Begrenzung des Stützpunktes)* nicht mehr möglich. Außerdem ist davon auszugehen, daß es auf dem Gelände noch weitere offene, feldmäßige Verteidigungsstellungen gab.

Bereits einige Tage vor dem D-Day war eine stärkere Infanterie-Einheit als Eingreifreserve unter strenger Geheimhaltung auf dem Batteriegelände der HKB Azeville stationiert worden, nicht bekannt ist ihre genaue Bezeichnung und ihre personelle Stärke, auch nicht, was während der Kampfhandlungen und danach mit dieser Einheit geschehen war. Da keinerlei diesbezügliche Fakten vorliegen, wird im folgenden Bericht auf diesen Umstand nicht weiter eingegangen.

Die schwere Heeres-Küsten-Batterie Azeville

An einem Nachmittag Anfang Juli 1940 klopfte es an der Haustür des Anwesens Gourmont in der kleinen normannischen Ortschaft Saint Marcouf. Die 31-jährige Madame Marguerite Digeon öffnete die Tür und erschrak. Noch nie hatte sie einen Mann mit einem Stahlhelm gesehen. Vor der Tür stand ein deutscher Offizier, der zackig salutierte und in einwandfreiem Französisch sagte: „Madame, wir sind die Besatzung."

Hinter ihm, im großen Hof des Anwesens, standen noch zwei deutsche Soldaten mit geschulterten Karabinern. Madame Digeon war irritiert und voller Sorge. Ihr Mann wurde seit einigen Monaten als Kriegsgefangener in Leipzig festgehalten und sie war mit ihrer 11-jährigen Tochter Yvette allein auf dem großen Gehöft.

Marguerite Digeon mit ihrer Tochter Yvette auf dem Anwesen Gourmont am südlichen Ortsrand von St. Marcouf.
Foto: Kollektion Y. Digeon

Dann schob der Offizier Madame beiseite und betrat das Haus, inspizierte alle Räume, auch jene in der ersten Etage.

Marguerite Digeon erinnerte sich: „Ich hatte große Angst, weil ich dachte, daß man uns nun ermorden würde..."

Dann verabschiedete sich der deutsche Offizier freundlich lächelnd und ging. Von diesem Tag an gehörte auch die normannische Cotentin-Halbinsel zum deutschen Besatzungsgebiet.

Zu Beginn des Baus der Küsten-Befestigungsanlagen war die Kriegsmarine davon ausgegangen, daß eine Landung der Westmächte an der Küste des Departements Calvados grundsätzlich auszuschließen sei. So wurden in diesem Teil der Normandie gegenüber anderer Standorte am Atlantikwall vergleichsweise schwache Stützpunkte errichtet. Für die Kampfkraft der deutschen Verteidigungsanlagen stellten die höchst komplizierten Befehlsverhältnisse innerhalb der Feuerleitung aber ein nicht unerhebliches Problem dar: Solange sich der Angreifer auf dem Meer befände, beanspruchte die Kriegsmarine die Leitung der artilleristischen Kampfhandlungen, um einen Angriff bereits weit vor der Küste abzuschlagen. Sollte es einem Gegner jedoch gelingen, den Strand zu erreichen, mußte das Heer das Kommando für den Artillerie-Kampf übernehmen. Die Verteidigungsanlagen der Marine (Marine-Küsten-Batterien) wurden folglich zum Zweck eines direkten Richtverfahrens gegen Seeziele nur in der Nähe der Küste erbaut. Das Heer hingegen, das den Strand als Hauptkampflinie betrachtete, ließ die Batterieanlagen (Heeres-Küsten-Batterien) in einer Entfernung von durchschnittlich fünf Kilometern von der Küste errichten. Sie waren somit für eine direkte Einsicht von See her getarnt. Das dadurch zwangsweise indirekte Richtverfahren der Heeres-Küsten-Batterien bedingte für die Feuerleitstelle jedoch einen Vorgeschobenen Beobachter in Küstennähe.

Als Resultat dieser konträren Taktiken der Marine und des Heeres stellten sich anläßlich der Selektion der Standorte ihrer Küsten-Batterien erhebliche Unstimmigkeiten ein. Trotz wiederholter Interventionen gegen eine derartige Regelung durch Generalfeldmarschall Rommel (Januar 1944) beließ es Hitler dabei. Eine für beide Waffengattungen einigermaßen akzeptable Lösung wurde dann in einem Kompromiß gefunden, demzufolge die

Deutsche Artillerie-Kolonnen bewegten sich ab Juni 1940 an die französische Küste – auch zu jener der Normandie.   **Foto: Archiv Gerstenberg**

Marine-Küsten-Batterien dem Befehl des Seekommandanten unterstellt wurden, die Heeres-Küsten-Batterien dem entsprechenden Divisionskommandeur.

Auch beim Bau der Verteidigungsanlagen wurden konträre Vorstellungen umgesetzt: Infolge ihrer verschiedenartigen Aufgaben kam es ebenfalls zu unterschiedlichen Ausführungen bei der Errichtung der Bunker. Entgegen der (vor Einsicht von See her durch ihre rückwärtige Lage getarnten) eckigen Kasematten des Heeres mit ihren von einem Gegner leichter erkennbaren scharfen Silhouetten, errichtete die Marine ihre (vom Meer aus einsehbaren) Geschützbunker mit stark abgerundeten Ecken, deren Flanken zudem noch zur Tarnung und zu weiterem Schutz mit Gras bewachsenen Erdanschüttungen versehen wurden.

Als eine der ersten deutschen Verteidigungsanlagen des gesamten vom Eismeer bis zu den Pyrenäen geplanten und rund 4.000 Kilometer langen Atlantikwalls wurde im Dezember 1941 mit der Errichtung einer feldmäßigen Batterie-Stellung mit vier 10,5-cm-Kanonen nahe der Küste und zwischen den kleinen normannischen Ortschaften Les Gougins und Ravenoville-Plage begonnen. Anfang Februar 1942 fügte eine schwere Sturmflut der Anlage jedoch einen nicht unerheblichen Schaden zu. Als Konsequenz daraus wurde entschieden, noch im Frühjahr weiter im Hinterland und auf dem bereits bestehenden kleinen Stützpunkt mit der Nummer 13 eine stationäre Batterie-Anlage zu errichten. Ende April desselben Jahres begann man dann mit dem Bau einer Heeres-Küsten-Batterie direkt am östlichen Rand der kleinen Ortschaft Azeville. Die alten Natursteinhäuser und die landwirtschaftlichen Anwesen, aus denen der nur 960 Meter lange Ort besteht, liegen beiderseits der schmalen Landstraße. Direkt angrenzend an das 537-Seelen-Dorf (1942) entstand die Anlage 3,2 Kilometer östlich der Verbindungsstraße von Sainte-Mère-Église nach Montebourg, jenem Teilstück der großen Route (der Nationalstraße 13) von Caen bis hinauf nach Cherbourg

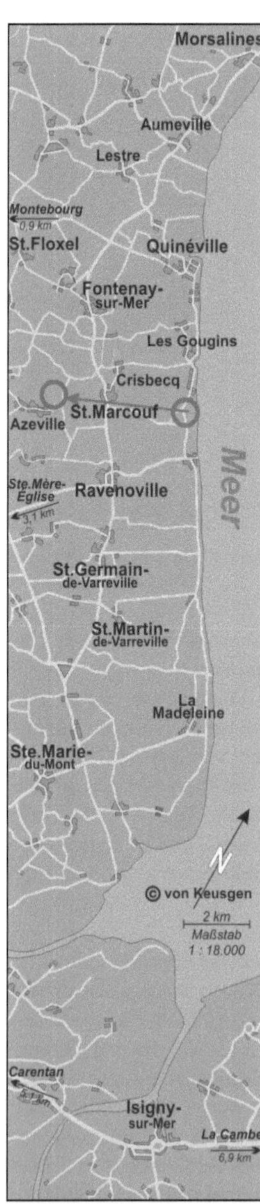

Küstenregion südöstlich der Cotentin-Halbinsel mit der ersten Batterie am Strand vor St. Marcouf Ende 1941 und ihre Verlegung im März 1942 nach Azeville (Kreise).

an der nördlichen Spitze der Cotentin-Halbinsel. Die nächste größere Ortschaft in Richtung des Meeres ist das 2,6 Kilometer (Wegstrecke) entfernte Saint Marcouf mit 548 Einwohnern (1942). Das Areal der HKB Azeville lag 4,8 Kilometer *(Luftlinie)* vom Ärmelkanal entfernt und wurde, da das Meer von *dort aus nicht zu sehen war, als sogenannte „blinde Batterie" bezeichnet. (Somit war der Grundsatz, die Heeresartillerie einige Kilometer hinter der Hauptkampflinie aufzustellen, befolgt.) Die Anlage der Heeres-Küsten-Batterie Azeville, die innerhalb weniger Wochen aus dem kalksteinhaltigen Boden zu wachsen begann, wurde von der Organisation Todt (OT) erbaut.*

Ihren Namen erhielt die 1938 für den Bau militärischer Anlagen gegründete OT nach ihrem Leiter, dem Bauingenieur Fritz Todt (1891-1942). Zuerst war die Organisation mit dem Ausbau des Westwalls beauftragt. Nach Beginn des Krieges bestand ihre Aufgabe darin, von Bomben zerstörte Brücken, Eisenbahnlinien und Straßen in Deutschland sowie in den besetzten Gebieten wieder instand zu setzen. Nach dem Ende der „Blitzkrieg"-Phase wurde am 14.12.1941 von Hitler der Bau des Atlantikwalls als Maßnahme gegen feindliche Landeunternehmen an den europäischen Küsten des von Deutschland besetzten Territoriums beschlossen. Im Besonderen wurde die OT nun mit der Errichtung von Befestigungsanlagen an diesem Atlantikwall beauftragt. Bis Ende 1944 betrug die Anzahl der Arbeiter, bestehend aus Zivil- und Zwangsarbeitern, Kriegsgefangenen aus den Ostgebieten (und in der letzten Zeit auch aus KZ-Häftlingen) insgesamt 1,36 Millionen. Außerdem arbeiteten auch noch viele französische Bauunternehmen für die OT, die zusammen mehr als 80.000 freiwillige Arbeiter aus den jeweiligen Regionen beschäftigten.

Ende März 1942 bezogen die ersten Arbeiter und das verantwortliche Führungspersonal ihre Unterkünfte in der Umgebung der großen Baustelle – die regulären Arbeiter waren Zivilangestellte, die in fünf sehr geräumigen, speziell errichteten Holzbaracken auf dem neuen Batteriegelände und dem Terrain des 1,6 Kilometer entfernten, nordwestlich gelegenen Schlosses Franqueville nahe Fontenay-sur-Mer Quartier beziehen mußten. Bereits zu Beginn des April wurde mit den Ausschacht- und ersten Monier- und Verschalungsarbeiten begonnen. Die erdbraun uniformierte und annähernd dreihundert Mann umfassende Arbeitskolonne verwandelte das bisherige Weideland nahe des nordöstlichen Ortsrandes in nur wenigen Tagen in eine Großbaustelle, auf der eine

Bild links: Beginn der Bauarbeiten auf dem Batteriegelände an der Straße nach Crisbecq. Die erste Baracke für Bauarbeiter der Organisation Todt wurde errichtet und erste Eisen- und Stahllieferungen sowie Drainagerohre deponiert.
Foto: Kollektion Dr. H. Treiber

Ein als erstes errichteter 15 Meter hoher Holzturm (im Hintergrund) diente gleichermaßen als Wachturm wie als Observationsposten für die Artillerie (bis im Juli 1942 ein spezieller Beobachtungsbunker bei Crisbecq fertiggestellt wurde).

rege Betriebsamkeit herrschte. Unentwegt rollten Lastwagen mit schwerem Gerät oder beladen mit Sand, Kies, Zementsäcken, Rund und Formstahl über die schmale Hauptstraße Azevilles. Der gesamte Bedarf an Zement und Baumaterialien für die Arbeiten in diesem Bereich des langsam entstandenen Atlantikwalls kamen von einem großen Depot der Organisation Todt beim Bahnhof der knapp zehn Kilometer westlich gelegenen kleinen Ortschaft Le Ham. Schienen für schmalspurige Feldbahnen wurden auf dem gesamten Terrain der zukünftigen Heeres-Küsten-Batterie verlegt, um die Massen notwendigen Materials schnell und nahe genug an die jeweilige Baustelle innerhalb des ständig wachsenden Areals zu transportieren. *(Das milde, vom Golfstrom stark beeinflußte Klima der Normandie erlaubt Bau- und Betonierarbeiten auch in dieser Jahreszeit auszuführen, da normalerweise gerade in der Küstenregion in den Wintermonaten kaum Frost herrscht.)*

Grundsätzlich waren die gesamten Bauausführungen der Schutzbauten des Atlantikwalls streng nach feststehenden architektonischen Vorgaben reglementiert worden. Bereits beim Bau des Westwalls hatte sich das Regelbau-Prinzip als vorteilhaft erwiesen. Es war dadurch möglich, unter Anwendung standardisierter und vorgefertigter Einbau- und Panzer-Teile sowie Schalungsmittel Bunker geradezu im Serienverfahren zu produzieren. Folglich war es auch möglich, viele deutsche Arbeitskräfte einzusparen und ausländische Subunternehmer selbständig für die OT tätig werden zu lassen.

Ab 1940 umfaßte das Programm der Regelbauten (mit wenigen Ausnahmen) sämtliche Befestigungs- und Verteidigungsanlagen sowie Bunker innerhalb des Bereichs der Küstenverteidigung. Die letzte Regelbau-Serie des Heeres wurde mit der Kodierung 600 eingeführt und gehörte zu den am häufigsten gebauten Bunkertypen. Der Kodierung der Regelbauten des Heeres wurde häufig ein H vorgestellt. Am Atlantikwall wurden insgesamt rund zwölftausend Bauwerke nach dem Regelbau-Prinzip errichtet.

Im April 1942 wurde zuerst mit dem Bau von drei unterirdischen Bunkern begonnen – gemäß Hitlers Weisung, daß zuerst die Mannschaften „unter Beton" müßten, dann erst die Waffen. Die gesamten Ausschacht- und Bauarbeiten auf der weitläufigen Anlage erfolgten mittels eines Baggers und von Hand. Der erste und dicht unter der Erdoberfläche befindliche

Bunker des Typs R 134 SK beinhaltete nach seiner Fertigstellung eine Apotheke- und Sanitätsstation, daneben ein Elektrizitätsraum mit großvolumigen Kraftstofftanks, um mittels eines Generators im Notfall sowohl die Beleuchtung im Inneren dieses und anderer noch zu errichtender Bunker und Kasematten sowie deren Rauchabzüge zu betreiben. *(Der gesamte Batteriekomplex war aber ohnehin am Stromnetz von Azeville angeschlossen, der Stromverbrauch auch nicht sehr groß.)*

Ein weiterer dieser unterirdischen Bunker, ein Typ des Regelbaus 621, wurde als Gruppenunterstand bezeichnet und für 10 Mann Wachpersonal genutzt. Durch ein Periskop, das durch die zwei Meter dicke Decke nach oben führte, konnte sich die Besatzung einen Überblick über die Situation außerhalb des Bunkers verschaffen. Im Fall eines Kampfgasangriffs war es möglich, einen permanenten Überdruck im Inneren des Unterstandes zu erzeugen, der verhinderte, daß Gas in den Raum einströmen konnte. Zwei andere unterirdische Bunker des Typs VF 2b (verstärkter feldmäßiger Unterstand) sollten als Munitionslager dienen, von denen der nördliche als Batteriegefechtsstand genutzt wurde.

Das nächste Bauprojekt war ein von der Organisation Todt angelegter unterirdischer Tunnel. Er hatte betonierte Seitenwände und eine 30 Zentimeter dicke Betonabdeckung, die dünn mit Erde überschüttet und mit Grasplaggen getarnt wurde. Da sich die Betonabdeckung des Tunnels unmittelbar unter der Erdoberfläche und an einem leicht abfallenden Gelände befand, war es den Soldaten somit möglich, auf der westlichen Seite des Tunnels durch kleine, direkt unter der Decke befindliche Scharten nach außen schießen zu können. Dieser 110 Zentimeter breite und insgesamt 112 Meter lange Tunnel bildete eine direkte, fast durchgehende Verbindung vom Wachtposten-Stand am westlichen Haupteingang des Stützpunktes mit dem Wachtposten-Stand am nördlichen Ende des Areals. Von diesen betonierten Wachtposten-Ständen gab es sechs – alle verschiedener Bauart. Der größte Unterstand befand sich nahe der Straße am westlichen Haupteingang und bildete gleichzeitig

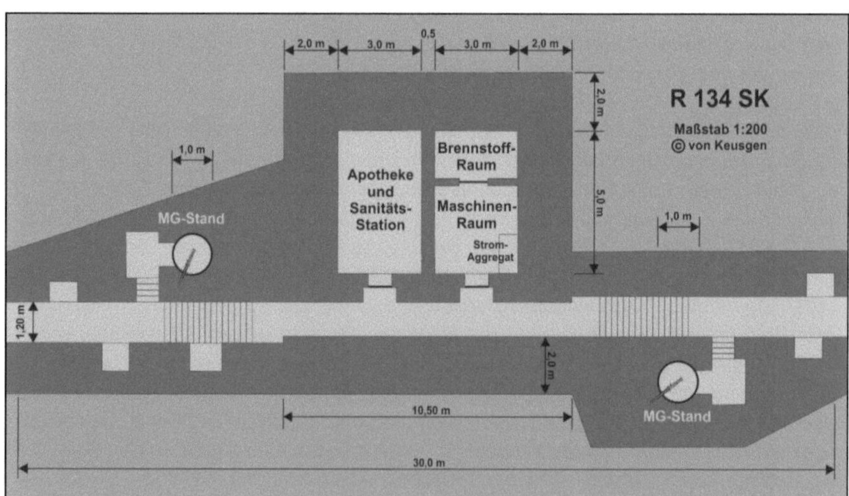

Grundrißplan des ersten auf dem Batteriegelände bei Azeville erbauten Unterstandes: Ein Typ des Regelbaus 134, der infolge einiger vom Standard abweichender Modifikationen als SK = Sonderkonstruktion bezeichnet und im Zuge weiterer Ausbauarbeiten auf beiden Seiten an einem Tunnel angeschlossen wurde. Er beinhaltete eine Apotheke und eine Sanitätsstelle sowie den Elektrizitätsraum.

einen Beobachtungsposten *(Blickrichtung Azeville)* für das gesamte westliche Vorfeld des Stützpunktes. Er bot mehreren Personen Platz und war, wie die anderen auch, mit einem Maschinengewehr auf einer Drehlafette ausgestattet.

Durch den Bau des Tunnels sollte im Fall eines Angriffs *(besonders eines infanteristischen Nahangriffs)* die Batterie-Besatzung in seinem Schutz dem gegnerischen Feuer verborgen bleiben und gleichermaßen schnell wie sicher zu ihren jeweiligen Positionen und Waffen eilen können. Der Eingang zu dem Tunnel befand sich im südlichen Stützpunktbereich *(nach Fertigstellung der Geschützbunker im Jahr 1943 zwischen den Kasematten Nr. 1 und Nr. 2).* Somit war gewährleistet, daß entsprechend Hitlers diesbezüglichem Grundsatzbefehls der Stützpunkt zur Rundumverteidigung geeignet war.

Eingang zum unterirdischen Unterstand R 134 SK, in dem sich die Apotheke, die Sanitätstation sowie der Maschinen- und Brennstoffraum befanden.

Abbildung links: Ein Unterstand des Regelbaus 621, der als Gruppenunterstand für 10 Mann Wachpersonal genutzt wurde. Der betonierte Tunnel, der die Unterstände miteinander verband.

Fotos: von Keusgen 2004

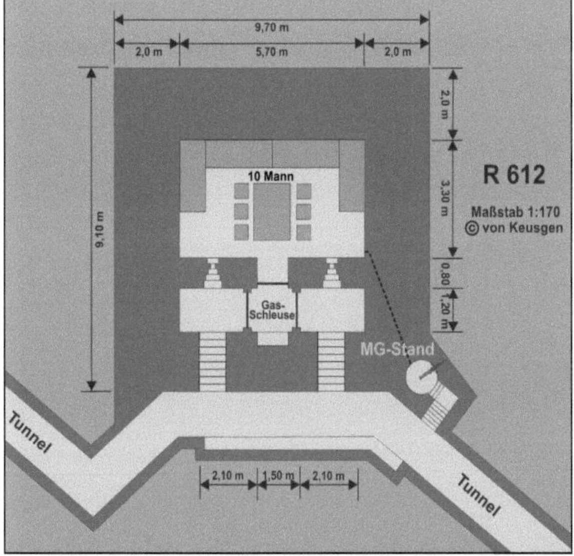

Mit dem Tunnel hatte es noch eine besondere Bewandtnis: In ihm befand sich ein artesischer Brunnen *(natürlicher Brunnen, bei dem das Grundwasser durch seinen Überdruck selbständig aufsteigt).* Ein weiterer Brunnen in diesem Tunnel wurde mittels einer Elektropumpe betrieben. Der gesamte Wasserbedarf für die Batterie entsprang diesen Brunnen und wurde in die auf dem Gelände befindlichen und miteinander verbundenen drei Vorratstanks gepumpt. Auch diesbezüglich hatte Hitler eine spezielle Order erlassen, die besagte, daß kein Stützpunkt wegen Versorgungsmangel aufgegeben werden durfte.

Die nur zwei Kilometer von Saint Marcouf gelegene und nun als schwere Heeres-Küsten-Batterie bezeichnete Anlage wurde als 2. Batterie des Heeres-Küsten-Artillerie-Regiments 1261 *(2./1261 HKAR)* errichtet und von den Soldaten bereits wenige Wochen nach Baubeginn übernommen. *(Insgesamt stellte das Heer am Atlantikwall bis 1945 mehr als 600 Küsten-Batterien auf.)* Die weitläufige Anlage der HKB wurde offiziell von zirka 170 deutschen Soldaten besetzt *(die Stärke der Stützpunktbesatzung schwankte, da immer wieder neue, jüngere Soldaten eintrafen und dafür ältere abgezogen wurden).*

Chef der 2. Batterie des Heeres-Küsten-Artillerie-Regiments 1261 war seit ihrer Aufstellung der am 10. Januar 1894 in Göppingen bei Ulm geborene 48-jährige Hauptmann und

Baubeginn für den Tunnel vom nördlichen Stützpunktbereich – unter der Straße nach Crisbecq hindurch in den südlichen Teil. Auf der anderen Seite der Straße befand sich noch bis Dezember 1943 eine von vier großen Baracken für die Bauarbeiter der Organisation Todt. Die Wehrmachtsoldaten mußten von Beginn an mitarbeiten.

Im westlichen Teil des Batteriegeländes gab es einen kurzen Panzerabwehrwall, der mittels Grasplaggen getarnt wurde.
Foto: Kollektion Dr. H. Treiber

Teilstück des Tunnels mit nur knapp über dem Erdboden befindlichen Schießscharten.
Foto: von Keusgen 2004

erfahrene Artillerist Dr. Hugo Treiber. Er war bei den Mannschaften und Offizieren sehr beliebt. Nach dem Besuch des Gymnasiums hatte Hugo Treiber Rechts- und Staatswissenschaften an den Universitäten Leipzig und Straßburg studiert. Im Ersten Weltkrieg hatte er als Leutnant der 2. Batterie des Fuß-Artillerie-Regiments 8, später Fuß-Artillerie-Regiment 14, gedient, an der West- und Ostfront gekämpft und war mit dem Eisernen Kreuz II. Klasse ausgezeichnet worden, 1921 und 1922 in Freiburg und Heidelberg Volkswirtschaft und Sprachen studiert *(Englisch, Französisch, Spanisch)* und

Bild rechts: Batteriechef Hauptmann Dr. Hugo Treiber
Bild oben: Dr. Treiber bei seiner ersten Inspektion auf dem zukünftigen Stützpunktgelände nahe Azeville im April 1942. Seit dem Sommer 1941 gab es jenseits der schmalen Landstraße nach Crisbecq, die Dr. Treiber hier gerade mit seinem Wagen verlassen hat, bereits einen kleinen, mit Stacheldraht umzäunten und nur schwach bewaffneten Stützpunkt mit der Nummer 13 (im Hintergrund, auf der anderen Straßenseite – der Eingang, der sich noch heute an derselben Stelle befindet).
Zur Tarnung des requirierten französischen Autos waren alle Chromteile mit dunkler Farbe gestrichen worden und die Scheinwerfer durch sogenannte Tarnkappen mit Verdunklungsschlitzen abgeblendet.
Fotos: Kollektion Dr. H. Treiber

wurde mit seiner Doktorarbeit mit dem Thema *Die russische Delavation (Abwertungspolitik)* zum Dr.phil. *(Philologie = Sprach- und Schrifttumsforschung)* promoviert. Nach dem Krieg hatte er sich in Frankreich, Großbritannien und Spanien aufgehalten, wo er als Hauslehrer in Barcelona tätig gewesen war. 1929 und 1932 hatte Dr. Treiber seine Staatsexamen abgelegt *(für das Höhere Lehramt an Handelsschulen)*.1933 hatte seine erste Anstellung als Lehrer im Staatsdienst begonnen, am 4. Oktober 1939 war er wieder zum Militär eingezogen und im Verlauf des Krieges bald wieder mit dem EK II, außerdem mit dem Kriegsverdienstkreuz II. Klasse mit Schwertern ausgezeichnet worden. Hauptmann Dr. Treiber war nach außen hin ein humorvoller und lebenslustiger Mensch – in seinem Inneren war er jedoch eher pedantisch und depressiv. Dr. Hugo Treiber war mit einer Ungarin halbjüdischer Herkunft verheiratet und hielt nichts vom Regime der Nationalsozialisten. Im Juli 1942 hatte er einen Marschbefehl zu einer anderen Artillerie-Einheit an der Ostfront erhalten. Da jedoch der Gesundheitszustand seiner Ehefrau nach der schwierigen Entbindung ihres ersten Sohnes am 30. Juli äußerst kritisch war, wurde seine Versetzung nach Rußland im letzten Moment zurückgezogen; so konnte er in der Normandie verbleiben – und dort demonstrierte er auf subtile Weise seine antimilitaristische Haltung.

Die Mannschaften und Offiziere der HKB Azeville waren in den Privathäusern der an den Stützpunkt grenzenden Ortschaft einquartiert. Zu diesem Zweck ließ die Wehrmacht Wohnräume innerhalb dieser Häuser und sogar komplette Häuser requirieren. In der ersten Zeit ihrer Stationierung waren die deutschen Soldaten für die Bewachung der Baustelle verantwortlich. Als erstes goß die OT im nördlichen Bereich des weitläufigen Areals vier runde, ebenerdige Betonplattformen, auf denen die 10,5-cm-Kanonen aufgestellt wurden. Schon bald darauf versetzte man jedoch eine der Kanonen in eine andere *(improvisierte)* Stellung, und auf der Plattform wurde zur Sicherung der Baustelle eine 3,7-cm-Fliegerabwehrkanone *(Flak)* installiert. Ihre Munition lagerte in sieben speziellen Beton-Nischen, die sich unmittelbar neben der runden Plattform befanden.

Das Schießen einer Batterie aus einer rückwärtigen (verdeckten) Feuerstellung muß grundsätzlich von einer (oder mehreren) Beobachtungsstelle(n) geleitet werden. Der Batteriechef hat diese Beobachtungsstelle (B-Stelle) oder Feuerleitstelle mit einem Feuerleitoffizier zu besetzen. Dieser Offizier muß von dort aus das zu bekämpfende Objekt im Zielgebiet seiner Batterie mittels eines speziellen Entfernungsmeßgerätes (Telemeter) orten und den Feuerbefehl per Telefon oder Funk an die Geschützführer der zurückgelegenen Batterie übermitteln. Der Feuerleitoffizier hat ferner von der B-Stelle aus das Zielgebiet und die Schießergebnisse zu überwachen.

Da es sich bei der HKB Azeville um eine „blinde" Batterie handelte, war es notwendig, bereits in den ersten Wochen

Dr. Hugo Treiber mit seinem neun Monate alten Sohn Hubert im Jahr 1943. Der streng religiöse Offizier hatte gegen seinen Willen und trotz eines ernsten Herzleidens nochmals Soldat werden und wieder in den Krieg ziehen müssen.

Entgegen sämtlicher bisher international erschienener, themenbezogener Buchpublikationen, in denen Hauptmann Dr. Treiber niemals erwähnt wurde, wird hier erstmals anhand dieses Dokumentes bewiesen, daß Dr. Hugo Treiber der Chef der 2. Batterie des Heeres-Küsten-Artillerie-Regiments 1261 war. Er stellte sich selbst diesen Sonderausweis für eine Zahnbehandlung in Lisieux am 17. September 1943 aus – abgestempelt und unterzeichnet vom Hauptmann und Batteriechef Dr. Treiber. Aus seinem Dienststempel hatte er das Hakenkreuz unter dem Reichsadler entfernt.

Foto: Kollektion Dr. H. Treiber

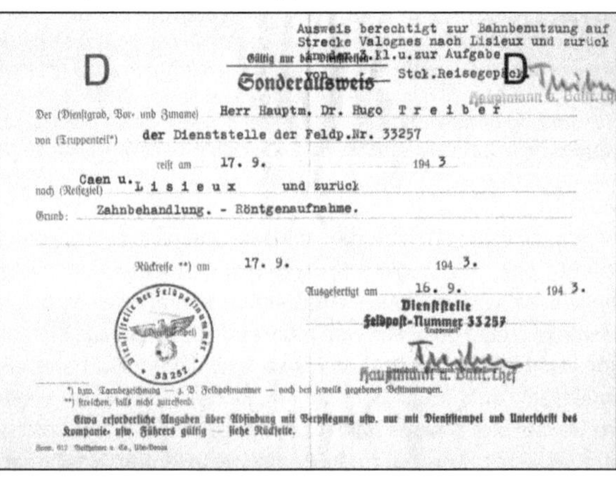

D D

Ausweis berechtigt zur Bahnbenutzung auf Strecke Valognes nach Lisieux und zurück

Gültig nur für Beamte 3. Kl. u. zur Aufgabe von … Stck.Reisegepäck

Sonderausweis

Hauptmann u. Battr. Chef

Der (Dienstgrad, Vor- und Zuname) Herr Hauptm. Dr. Hugo Treiber

von (Truppenteil*) der Dienststelle der Feldp.Nr. 33257

reist am 17. 9. 194 3

nach (Reiseziel) Caen u. Lisieux und zurück

Grund: Zahnbehandlung. - Röntgenaufnahme.

Rückreise **) am 17. 9. 194 3.

Ausgefertigt am 16. 9. 194 3.

Dienststelle Feldpost-Nummer 33257 (Truppenteil)

Hauptmann u. Battr. Chef

*) bzw. Tarnbezeichnung — z. B. Feldpostnummer — nach den jeweils gegebenen Bestimmungen.
**) streichen, falls nicht zutreffend.

Etwa erforderliche Angaben über Abfindung mit Verpflegung usw. nur mit Dienststempel und Unterschrift des Kompanie- usw. Führers gültig — siehe Rückseite.

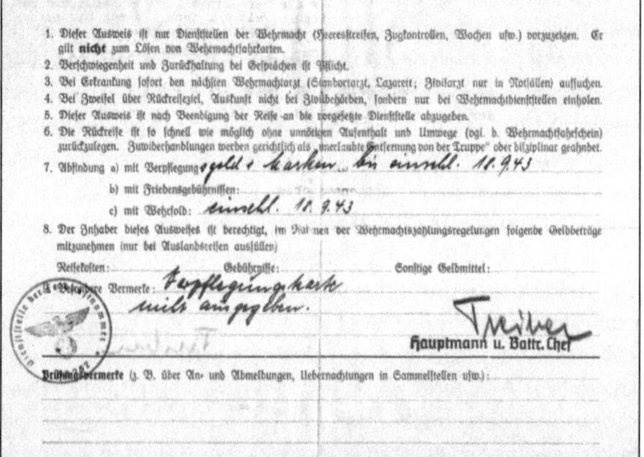

1. Dieser Ausweis ist nur Dienststellen der Wehrmacht (Heeresstreifen, Zugkontrollen, Wochen usw.) vorzuzeigen. Er gilt **nicht** zum Lösen von Wehrmachtfahrkarten.
2. Verschwiegenheit und Zurückhaltung bei Gesprächen ist Pflicht.
3. Bei Erkrankung sofort den nächsten Wehrmachtarzt (Standortarzt, Lazarett; Zivilarzt nur in Notfällen) aufsuchen.
4. Bei Zweifel über Rückreiseziel, Auskunft nicht bei Zivilbehörden, sondern nur bei Wehrmachtdienststellen einholen.
5. Dieser Ausweis ist nach Beendigung der Reise an die vorgesetzte Dienststelle abzugeben.
6. Die Rückreise ist so schnell wie möglich ohne unnötigen Aufenthalt und Umwege (vgl. b. Wehrmachtfahrschein) zurückzulegen. Zuwiderhandlungen werden gerichtlich als „unerlaubte Entfernung von der Truppe" oder disziplinar geahndet.
7. Abfindung a) mit Verpflegungsgeld + Marken bis einschl. 10.9.43
   b) mit Friedensgebührnissen:
   c) mit Wehrsold: einschl. 10.9.43
8. Der Inhaber dieses Ausweises ist berechtigt, im Rahmen der Wehrmachtszahlungsregelungen folgende Geldbeträge mitzunehmen (nur bei Auslandsreisen ausfüllen)

Reisekosten: Gebührnisse: Sonstige Geldmittel:

Besondere Vermerke: Verpflegungsmarken nicht ausgeben.

Hauptmann u. Battr. Chef

Prüfungsvermerke (z. B. über An- und Abmeldungen, Uebernachtungen in Sammelstellen usw.):

Betonplattform für das erste Fliegerabwehrgeschütz auf dem Batteriegelände. Die Munition für die 3,7-cm-Kanone wurde in sieben angrenzenden offenen Bunkern gelagert; direkt angrenzend einer der Eingänge zum Tunnel.

Neben der Flak-Plattform befindet sich der Eingang zum Tunnel und dem unterirdischen Unterstand des Typs R 134 (Vergleich siehe Seite 24). Nahe dieses Tunneleingangs wurde die Öffnung der Ein-Mann-MG-Stellung mittels eines Drahtkorbs zur Sicherheit abgedeckt (Pfeil). Links neben dem Eingang befindet sich ein kleiner betonierter Unterstand für das Flak-Personal. **Foto: Kollektion Prof. H. Treiber**

des Jahres 1942 eine Artillerie-Beobachtungsstelle südlich und nahe des ebenfalls nur wenige Häuser zählenden Dorfes Crisbecq zu errichten – auf weiter, von Ginstersträuchern und niedrigem Kraut bewachsener Flur und an jener Stelle, an der das Land zur von dort aus 2.800 Meter entfernten Küste leicht abfällt und sich dem Beobachter ein hervorragendes Panorama bietet. An dieser Stelle wurde ein dickwandiger, unterirdischer Bunker des Typs R 121 errichtet. Auf seiner ebenerdigen, von Grasplaggen getarnten Abdeckung bot eine runde, flache Beobachtungsglocke dem Vorgeschobenen Beobachter *(VB)* mittels eines Periskops die Möglichkeit zu einem sicheren Rundumblick und auf einen weiten Bereich des Meeres und seinen breiten Strand – selbst unter der Wirkung gegnerischen Feuers.

Da für diese B-Stelle nur ein veraltetes und sehr großes, sieben Meter langes französisches Telemeter mit Aufschlagmessung zur Ortung der Ziele zur Verfügung stand, konnte es nicht im Beobachtungsbunker installiert werden. Das Gerät bekam einen in südlicher Richtung gelegenen Standplatz im Freien, hinter einem dicken Stein – 127 Meter von der B-Stelle entfernt. Alle diese negativen Umstände wirkten sich folglich nachteilig auf die Zielgenauigkeit der Batterie aus. Außerdem wurde das große französische Telemetriegerät zum Schutz gegen Regen und zur Tarnung zusätzlich noch mit einem hufeisenförmigen Erdwall umgeben und mit halbrunden Wellblechschalen überdacht. Zur Kommunikation des Vorgeschobenen Beobachters und seiner Feuerleitstelle mit der 2.200 Meter *(Luftlinie)* entfernten Azeville-Batterie wurde eine unterirdische Telefonleitung verlegt, ebenfalls in Schlangenlinien und folglich sehr sicher.

Kurz nach Fertigstellung der B-Stelle wurden die bisher in Meeresnähe stationierten vier veralteten französischen 10,5-cm-Feldkanonen des Typs Schneider K 331 Modell 1913 in vorerst provisorischen offenen Feldstellungen in Position gebracht. Der Nachteil der fast fünf Kilometer vom Meer entfernten HKB lag im Wesentlichen in dem Umstand, daß im

Landser-Idylle vor dem Eingang zum Beobachtungsbunker (weißer Pfeil im Bild oben) der Azeville-Batterie. Drei Soldaten genossen ihre Mittagspause unter breiten Tarnnetzen, denn der Krieg war weit entfernt – noch… **Foto: ecpa>d**

Fall einer notwendigen Verteidigung der Küste die Granaten der alten 10,5-cm-Geschütze bereits fast die Hälfte ihrer Reichweite von maximal 12 Kilometern zum Strand über Land zurücklegen mußten.

Die Geschütze der Artillerie unterscheiden sich in Flachbahn- und Steilfeuergeschütze. Flachbahngeschütze verleihen ihren Geschossen infolge einer gestreckten, fast horizontalen Flugbahn eine große Reichweite und Endgeschwindigkeit. Sie eignen sich ganz besonders zur Bekämpfung beweglicher Ziele und zum Durchschlagen senkrechter Fronten. Steilfeuergeschütze hingegen vermögen durch die Wahl unterschiedlich großer Treibladungen ihren Geschossen eine mehr oder weniger gekrümmte Flugbahn zu geben, die das Geschoß bis annähernd senkrecht auf das Ziel auftreffen läßt. Sie sind besonders zum Bekämpfen unbeweglicher Ziele wie die feindliche Artillerie sowie Ziele dicht hinter und unter Deckungen geeignet, ferner zum Durchschlagen starker Abdeckungen. Kanonen sind Flachbahn-, Mörser sind Steilfeuergeschütze. Haubitzen können im Flachbahn- sowie Steilfeuerschuß wirken.

Seit dem Frühjahr 1942 wurden auf der Baustelle der Heeres-Küsten-Batterie auch Kriegsgefangene von der Ostfront als Bauarbeiter eingesetzt. (Sie lösten einen Teil der OT-Bauarbeiter ab, die auf die inzwischen entstandene Baustelle der Küsten-Batterie bei Crisbecq verlegt wurden.) Im Gegensatz zu den Arbeitern der OT durften die hauptsächlich russischen „Hilfswilligen" (so die offizielle Bezeichnung) nicht in den Baracken schlafen, sondern mußten im Freien am Rand des Batteriegeländes übernachten. Meistens hatten sie noch nicht einmal eine Zeltplane, um sich vor der Witterung zu schützen.

Zunehmend wurden auch Franzosen aus der Umgebung zur Arbeit verpflichtet. Um aber Spionage weitgehend auszuschließen, ließ man sie lediglich in den Außenbereichen der Batterie-Anlage arbeiten, teilte sie zur Bewachung von Gleisanlagen oder dem Transport von Materialien ein. Für ihre Arbeitsleistungen wurden sie bezahlt – mäßig.

Im Verlauf des Sommers 1943 entstanden auf dem Stützpunkt der HKB vier große Geschützbunker *(Kasematten)*; je zwei links *(nördlich)* und rechts *(südlich)* der kleinen Landstraße von Azeville nach Crisbecq. Für den Bau dieser Kasematten, der in Nord-Süd-Richtung und in einem Abstand von rund vierzig Metern zueinander erfolgte, wurden viele vorgefertigte Einbauteile wie Panzertüren, Schartenplatten und Lüftungselemente verwendet, die zum Teil aus dem Raum nahe Paris und sogar aus Deutschland herantransportiert werden mußten. Die Bauweise der HKB-Kasematten bei Azeville entsprach *(für die beiden nördlich der durch das Batteriegelände führenden Straße befindlichen)* dem Regelbau H 650 und *(für die beiden danach südlich der Straße errichteten)* dem bereits moderneren Regelbau H 671.

Nachdem die dicken Betonfundamente in den mehr als fünf Meter tief ausgehobenen steinigen Boden gegossen und mit langen, fingerdicken Eisenstangen und starken Stahlgittern moniert waren, wurden daneben mehrere Meter hohe Holzgalerien errichtet und auf diese in Reihen und dicht nebeneinander die Betonmischer aufgestellt. Aus den Mischern goß man dann den zähflüssigen Beton zwischen die Holzverschalungen.

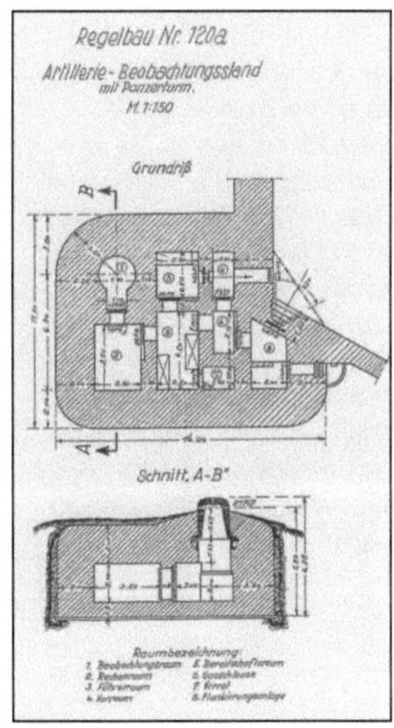

Bauplan für den Artilleriebeobachtungsbunker R 120a mit Panzerkuppel. Mit a wurde eine Deckenstärke von 3,5 Metern bezeichnet. Die Wandstärke beträgt 2,5 Meter. Für den Bau wurden 650 m³ Beton, 38 Tonnen Rund- und 7,5 Tonnen Formstahl benötigt. Das Gewicht der 5,25 Meter hohen Beobachtungsglocke mit einem Innendurchmesser von 1,92 Metern betrug 22 Tonnen.

Bewegungsmechanismus für das Periskos im Inneren der Beobachtungsglocke.
Foto: von Keusgen 2004

*Aus dem ehemaligen Wei-
deland bei Azeville wurde
innerhalb nur kurzer Zeit eine
Großbaustelle. Für jede der vier
großen HKB-Kasematten mußten 1.000 m³ Erde ausgehoben
werden, für den Bau wurden
1.090 m³ Beton, 52 Tonnen
Rund- und 11,8 Tonnen Formstahl benötigt. Wochenlang
rollten täglich Lastwagen auf
das Gelände, um die benötigten
Mengen an Baumaterialien zu
liefern.*

*Nachdem die Holzverschalun-
gen fertig waren, erfolgten die
Betonierarbeiten an den beiden
nördlich der alten Landstraße
von Azeville nach Crisbecq
gelegenen Geschützbunkern ab
Ende Juli 1943.*
Fotos: Kollektion H. Kattnig

Der Batteriechef, Hauptmann Dr. Treiber, war in Azeville einquartiert – nur vier Häuser weit vom Batteriegelände entfernt. Viele weitere Soldaten der HKB waren in den umliegen- den Häusern des kleinen Ortes und bei den französischen Familien untergebracht. Auch auf dem Anwesen La Vieux Presbytère hinter der Kirche hatten seit dem Sommer 1940 erste deutsche Besatzungssoldaten bei der Familie Dorey Quartier bezogen. Ab Dezember 1941 waren es dann Soldaten des neu entstehenden Stützpunktes der HKB. Im Oktober 1942 erkrankte jedoch der 16-jährige Louis Dorey an Diphtherie, und die Soldaten mußten sicherheitshalber das Haus verlassen. Auch seine Mutter hatte sich infiziert, gesundete aber bald wieder. Drei Wochen nach dem Ausbruch seiner Krankheit verstarb Louis am 16. November. Kurz darauf wurden wieder neue deutsche Soldaten bei der Familie Dorey einquartiert. Die Deutschen nutzten zwei von vier Wohnräumen des Hauses und den Innenhof des Anwesens zu verschiedenen, gelegentlich wechselnden Zwecken, auch als Schreibstube und Mannschaftsunterkunft *(die Soldaten schliefen auch hier in mehreren 3-etagigen Betten).*

Suzanne, die kleine Tochter der Familie Dorey, hatte sich einige Monate danach eines Tages beim Spielen am Fuß verletzt. Liebevoll wurde sie von einer deutschen Militär-Kran- kenschwester versorgt, als sich zu dieser Zeit gerade eine Sanitätsstation (Verbandplatz)

auf dem Anwesen befand. Auch die Soldaten, die ohnehin in einem positiven Verhältnis zur französischen Bevölkerung lebten, waren zur kleinen Suzanne sehr freundlich. Oft riefen sie ihren Namen in deutscher Sprache: „Komm her, Susanne…!"

Sie forderten die Kleine auf, ihre Schürze aufzuhalten und legten ihr Schokolade und Bonbons hinein.

Da die Mannschaftsbelegung in den französischen Privathäusern immer wieder wechselte, kamen im Lauf der Zeit viele deutsche Soldaten auf das Anwesen der Doreys.

„Es gab unter den Deutschen solche und solche", erinnerte sich Madame Suzanne Poisson *(geborene Dorey)*, „aber das Verhältnis mit ihnen war im Allgemeinen sehr gut. Außerdem sprach meine Mutter etwas Deutsch. Besonders höflich trat Hauptmann Dr. Treiber auf. Er war sehr sympathisch und im Ort durchaus nicht unbeliebt. Er unterhielt sich häufig mit meiner Mutter. Aber da waren auch ein paar Filous unter ihnen, die schlachteten einfach einige Schafe der Familie Jaunet, und sie nahmen sich wie selbstverständlich den Wein. Die Reste, die sie von den Schafen nicht verwenden konnten, haben sie auf der großen Wiese hinter dem Haus verbrannt. Es hat furchtbar gequalmt und gestunken. Aber sie waren fröhlich und haben gelacht. Und niemand von den Leuten hier hat es ihnen verübelt. Sie hatten die Schafe und den Wein genommen, ohne etwas dafür zu bezahlen, aber es war nicht in böser Absicht geschehen. Es waren eben Filous, die gibt es überall."

Bild links: Der Batteriechef (Mitte) mit dem "Spieß" (Batteriegeschäftsführer), Oberwachtmeister Albert Hagmaier (links) und seinem Cocker-Spaniel Negus vor der Arbeiterbaracke an der Landstraße nach Crisbecq (Vergleich siehe Seite 19). Bild rechts: Hauptmann Dr. Hugo Treiber (Mitte) mit seinem "Burschen", dem Obergefreiten Karl Reichle (links) und seinem Chauffeur und Rechnungsführer, dem Unteroffizier Wilhelm Jooß vor jenem Haus in Azeville, in dem sie einquartiert waren. Fotos: Kollektion H. Kattnig

Suzanne Dorey 1940 im Alter von vier Jahren.
Foto: Kollektion S. Dorey

Als am 1. Juli 1943 wieder einmal zwei Beförderungen stattfanden, veranstaltete der Hauptmann ein zünftiges Batteriefest, das auf einem der Anwesen in Azeville stattfinden sollte – fernab der Stützpunkt-Baustelle mit den lärmenden Arbeitern und den ständig rumorenden Zementmischern. Vom Batteriegelände aus fand dann anläßlich dieses Festes ein spaßiger Umzug mit Musik zu dem Anwesen und quer durch die kleine Ortschaft statt,

Umzug am 1. Juli 1943 durch Azeville – mit Pauke, Trommel und "Teufelsgeige" über alle Anwesen des Ortes, angeführt vom Batteriechef Dr. Treiber, der jede Möglichkeit nutzte, seinen Soldaten den Militäralltag etwas aufzulockern. (Hauptwachtmeister Schürger mit der Pauke.)
Fotos: Kollektion H. Kattnig

den Dr. Treiber persönlich anführte – zur Freude seiner Soldaten und zur Belustigung der Einwohner von Azeville, die sich aber dennoch von derartigen Veranstaltungen der Deutschen fernhielten.

Ein Umstand, den die Franzosen weniger gern sahen, bestand in der nun angeordneten Sperrstunde *(Ausgehverbot)* und der Verdunkelung. *(Um eventuellen Luftangriffen durch die Bomber der Alliierten und ihrer Orientierung an den Lichtern der Ortschaften entgegenzuwirken, hatten die deutschen Besatzer angeordnet, alle Fenster sämtlicher Gebäude und die Lampen der Fahrzeuge derart zu verhängen, daß kein Licht zu sehen war. Unterlassungen dieser Order wurden hart bestraft.)* Einen weiteren unliebsamen Umstand bildeten die großen, als Belgische Tore bezeichneten Stahlsperren, mit denen die Deutschen den Stützpunkt der HKB Azeville an der Ortsdurchgangsstraße nach beiden Seiten komplett abgeriegelt hatten. *(Belgische Tore = Elemente C wurden nach dem Einmarsch in Belgien von den Deutschen in großen Mengen requiriert und von Rommel ab Anfang 1944 auch als Strandhindernisse installiert.)* Somit war die Straße in Richtung St. Marcouf und Crisbecq für die Bevölkerung und den landwirtschaftlichen Verkehr nur noch kontrolliert passierbar. Dr. Treiber, der sich mit den Einwohnern von Azeville sehr gut verstand, ermöglichte ein Passieren des Stützpunktes über diese Straße, indem man morgens auf jeder Straßenseite eines der mit Eisenrollen versehenen Stahlelemente zurückschob und somit eine schmale Durchfahrt entstand. Er selbst ließ sich oft von seinem Chauffeur mit seinem Dienstfahrzeug, einem schwarzen Citroën, durch diese Passage zur Beobachtungsstelle bei Crisbecq fahren.

Als alle Kasematten fertiggestellt waren, wurden sie numeriert – entgegen der Reihenfolge ihrer Entstehung: Die im südlichen Bereich gelegene erhielt die Nummer 1, und die ebenfalls im moderneren *(runderen)* Baustil errichtete, nur 38 Meter entfernte Kasematte, die Nummer 2. Die beiden auf der anderen Straßenseite befindlichen Geschützbunker erhielten die Nummern 3 und 4. Jede Kasematte bekam ein eigenes Munitionsdepot und einen entsprechenden Munitionsvorrat für ihr Geschütz.

In dem betonierten Tunnel gab es zur Lagerung zusätzlicher Munitionsreserven für die 10,5-cm-Kanonen spezielle Nischen. Zwischen den Kasematten Nr. 3 und Nr. 4 wurden

Wilhelm Jooß

zwei oberirdische Betonunterstände gegossen, die als Munitionslager dienten. In dem einen lagerten Handgranaten, im anderen Patronen für Gewehre und Maschinengewehre sowie für Pistolen und Maschinenpistolen. Diese kleinen Bunker wurden durch Erdanhäufungen für die Fliegereinsicht fast völlig unsichtbar gemacht und waren permanent mit jeweils einem Wachtposten besetzt.

Auch an die Bunker Nummer 1 und 2 wurden zur Tarnung und zum besseren Schutz erhebliche Massen Erdreichs angeschüttet und sie so miteinander verbunden. In allen Eingängen zu den Bereitschaftsräumen befanden sich zwischen den Panzertüren Gasschleusen. Im Geschützraum jeder Kasematte war über der Kanone ein mehrere Quadratmeter großer Filter einer elektrisch betriebenen

Treiber (2. von rechts) mit seinen Batterie-Offizieren am Strand vor Les Gougins. Hinter ihnen die in Belgien requirierten Stahlsperren, die wegen ihres chrakteristischen Aussehens als Belgische Tore bezeichnet wurden. Ursprünglich als Elemente C (= cointet, sinngemäß eckig, winklig) benannt.

Bild unten links: Im Renault sitzend Batteriegeschäftsführer Oberwachtmeister Albert Hagmaier, davor (links) Unteroffizier Stutz und der Fahrer der Batterie, Unteroffizier und Rechnungsführer Wilhelm Jooß.

Bild unten rechts: Dr. Treiber (Mitte) mit einem seiner Batterieoffiziere (links) und seinem Fahrer Jooß vor seinem Dienstfahrzeug, einem requirierten Citroën.

Fotos: Kollektion Dr. H. Treiber

Fotos: Kollektion H. Kattnig

Schußgasabsauganlage installiert. Hinter der Kanone gab es einen schmalen Schacht, durch den die Kanoniere nach jedem Abschuß einfach die leeren großen Geschoßhülsen in einen speziellen Kellerraum *(Hülsengrube)* hinabwerfen konnten.

Durch diese Hülsengruben hatten die Bedienungsmannschaften hinter den großen 10,5-cm-Geschützen mehr Bewegungsfreiheit. Leere Munitionskästen wurden zu zweckmäßigen Regalen und für die Einlagerung größerer Mengen von

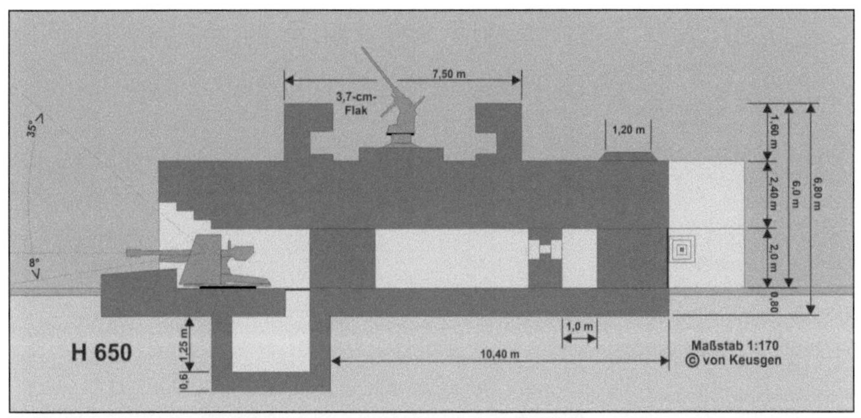

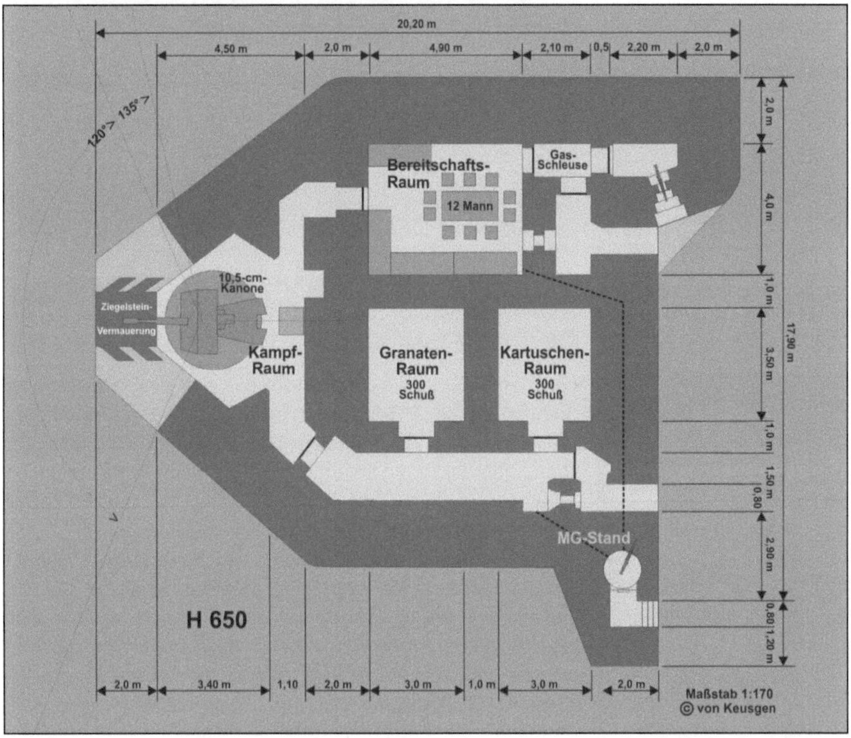

Abbildung oben: Querschnittzeichnung der Kasematte Nr. 4 mit dem Ringstand für ein 3,7-cm-Fla-Geschütz.
Abbildung unten: Grundrißplan beider Regelbauten der in Azeville errichteten Kasematten des Typs H 650 und H 671. Bei der vorwiegend gewählten Baustärke b1 wurden die Wände und Decken aus mit Stahl moniertem Beton in einer Stärke von zwei Metern gegossen und boten ihren Besatzungen folglich große Sicherheit. Jede dieser Kasematten verfügte über vier Nahverteidigungsanlagen, von denen sich drei im Inneren des Bunkers befanden.

*Bereitschaftsraum einer Kase-
matte.*
Foto: Bundesarchiv

Lebensmitteln und Getränken für den Fall einer Belagerung genutzt. Für die MG-Schützen in den betonierten Ein-Mann-Stellungen, die sich innerhalb der Bunkerabdeckungen zur Rundumverteidigung befanden, war es mittels eines fast fünf Zentimeter dicken Sprachrohres möglich, mit den Soldaten im Inneren der Kasematten zu kommunizieren.

In den Mannschaftsquartieren, den sogenannten Bereitschaftsräumen jeder Kasematte, befanden sich 12 Schlafstellen *(vier mal je drei Betten übereinander)*, die mit den gleichen Rohrrahmenbettgestellen ausgestattet waren, wie man sie auf deutschen Kriegsschiffen verwendete und die als Klapp-Kojen bezeichnet wurden. Diese ohnehin schmalen Betten, die nur einfach an Ketten aufgehängt waren, konnten tagsüber hochgeklappt werden, um somit mehr Platz in der Mannschaftsunterkunft gewinnen zu können. Die Innenräume der Kasematten konnten durch spezielle, periskopähnliche Ventile belüftet werden, die durch die Bunkerdecken nach außen geleitet wurden und aussahen wie kurze Schornsteine. Diese Ventile waren elektrisch oder mechanisch zu betreiben

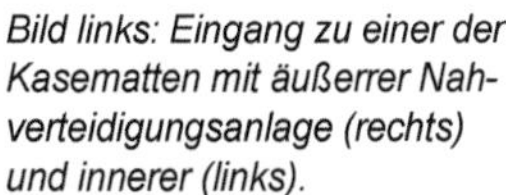

Bild links: Eingang zu einer der Kasematten mit äußerer Nah-verteidigungsanlage (rechts) und innerer (links).

Bild rechts: Im Vordergrund die Stahlblende der inneren Nahverteidigungsanlage (vom Bereitschaftsraum aus gese-hen). Im Hintergrund links der Nahkampfraum der äußeren Nahverteidigungsanlage.
Fotos: von Keusgen 2004

Bild links: Blick in die 2,60 Me-ter tiefe Hülsengrube unter dem Geschützraum.

Bild rechts: Die Schußgas-Absauganlage mit elektrisch betriebener Turbine im offenen Schartenstand. Der große Filter befand sich an der Bunkerdek-ke direkt über der Kanone.
Fotos: von Keusgen 2004

Bild links: Plakat zur Abschrek-kung für die Zivilbevölkerung. Dieses Plakat gab es auch in französischer Sprache.
Foto: Archiv Gerstenberg

Bild rechts: Spange zum Eisernen Kreuz 2. Klasse. Sie wurde während des Zweiten Weltkriegs verliehen, wenn bereits im Ersten Weltkrieg ein Eisernes Kreuz 2. Klasse verliehen worden war – wie im Fall des Dr. Treiber.
Abbildung: Archiv von Keusgen

und derart konstruiert, daß durch sie nichts nach innen gelangen konnte, weder der Feu-erstrahl eines Flammenwerfers, noch Pulverrauch und Giftgase. *(Infolge ihrer schlechten Erfahrung aus dem Ersten Weltkrieg fürchteten sich die deutschen Soldaten ganz be-sonders vor der Einleitung von Kampfgas, folglich sämtliche Luftschächte mit speziellen*

Das am 2.8.1939 gestiftete deutsche Schutzwall-Ehrenzeichen wurde 622.064 mal an Personen (wie Arbeitern der Organisation Todt) verliehen, die an der Erschaffung der Befestigungsanlagen mitgearbeitet hatten. Es trägt auf der Rückseite die Aufschrift: "Für Arbeit zum Schutze Deutschlands."
Abbildung: Archiv von Keusgen

Bild links: Eingang zum MG-Stand, wie er in allen vier Kasematten identisch ist.

Bild rechts: Der zwei Meter hohe Schacht mit Steigeisen zum MG-Stand.

Bild links: MG-Stand mit zwei Sprachrohren, mittels derer der MG-Schütze mit den Soldaten im Inneren der Kasematte (im Gang und im Bereitschaftsraum) kommunizieren konnte.

Bild rechts: Blick von der Kasematte Nr. 2 auf die nördliche Seite des Stützpunktes und auf die Kasematten Nr. 3, Nr. 4 (mit Flak-Stand) und die beiden kleinen Munitionsbunker.
Fotos: von Keusgen 2004

Filtern ausgestattet waren. Außerdem mußten befehlsgemäß alle Soldaten ständig ihre Gasmasken mitführen.) Sicherheitshalber waren in den unterirdischen Anlagen auch noch sogenannte Gasschleusen in den Eingangsbereichen der Bunker eingebaut worden, in denen Duschen installiert waren (durch sofortiges Abduschen war es möglich, die schreckliche Wirkung des Senfgases einzuschränken – jedoch wurde im Zweiten Weltkrieg auf keinem einzigen Kriegsschauplatz ein Kampfgas eingesetzt). Der Batteriechef ließ jetzt einen Hauptgefechtsstand der Batterie in der Kasematte Nr. 2 einrichten. Der HKB-Stützpunkt trug nun die Nummer 133.

Das Anfang 1944 immer noch im Bau befindliche und ständig wachsende Batteriegelände wurde nun immer häufiger von Großbritannien aus mit Bombern angegriffen. Aus diesem Grund ließ Batteriechef Dr. Treiber bereits im Februar 1944, und obwohl der Beton in den dicken Wänden der Kasematten noch nicht gänzlich durch und durch abgebunden hatte, die 10,5-cm-Geschütze zu ihrer Sicherheit darin aufstellen. Sie wurden auf einem drehbaren Unterbau

(Drehtisch) zum Meer hin ausgerichtet. Hauptmann Dr. Treiber, der über erhebliche artilleristische Erfahrungen verfügte, hatte schon bei Baubeginn der Kasematten den seiner Meinung nach zu begrenzten Seitenrichtbereich der Kanonen beanstandet. Zwar boten die Scharten einen Schußwinkel von bereits 120 Grad, doch wollte der Hauptmann den Feuerbereich seiner Batterie noch weiter in südliche Richtung verlegen können *(den späteren US-Landeabschnitt „Utah")*. So hatte er noch während der Bauarbeiten veranlaßt, daß alle Scharten der vier Kasematten auf ihrer südlichen Seite um einen Meter erweitert wurden, wodurch sich der Seitenrichtbereich auf 135 Grad vergrößerte.

Nachdem die Bauarbeiten an der ersten, im nördlichsten Stützpunktbereich gelegenen Kasematte im Spätsommer 1943 abgeschlossen waren, wurde das 3,7-cm-Fliegerabwehrgeschütz aus seiner offenen Stellung genommen und auf der extra verstärkten Decke des Bunkers aufgestellt. Zu ihrem Schutz wurde die Flak von einer 1,6 Meter hohen, dickwandigen Betonmauer umgeben, die man als *(eckigen)* Ringstand in einem Stück mit dem Bunker zusammen gegossen hatte. Um das Geschütz vor der gegnerischen Luftaufklärung zu schützen, „verschwand" der gesamte Flak-Stand unter großen, mittels stabiler Holzgerüste aufgehängter Tarnnetze. In dieser Kasematte wurden nun außer der Munition für das eigene 10,5-cm-Geschütz auch die Granaten für die Flak auf der Bunkerabdeckung gelagert.

Im Februar 1944 kam ein weiterer Offizier zur 2. Batterie des Heeres-Küsten-Artillerie-Regiments 1261: Hans Kattnig, ein 33-jähriger Rekonvaleszent von der russischen Front.

Leutnant Hans Kattnig
Foto: Kollektion H. Kattnig

Der am 4. September 1910 in Marburg an der Drau in Österreich geborene Hans Kattnig entstammte einer gut situierten, deutsch-national eingestellten Eisenbahner-Familie. Er war in geordneten Verhältnissen und im Milieu des Innsbrucker Turnvereins aufgewachsen, hatte die Höhere Technische Lehranstalt besucht, maturiert und war nach Abschluß seiner Ausbildung Elektro-Ingenieur. Um über die theoretischen Kenntnisse hinaus auch praktische zu erwerben, arbeitete Kattnig in der Folge in zwei großen Innsbrucker Unternehmen. Danach studierte er zwei Semester Staatswissenschaft und legte die Staatsverrechnungsprüfung ab. Doch war es Kattnig in der wirtschaftlich unsicheren Zeit zu Beginn der 30er Jahre nicht möglich gewesen, einen Arbeitsplatz zu finden. 1935 hatte Hans Kattnig geheiratet, und da er nur sporadisch für den Innsbrucker Turnverein tätig sein konnte, mußten die Eheleute hauptsächlich von dem leben, das seine Frau verdiente. 1936 war Hans Kattnig dann der SA beigetreten, der er als Gausportwart und Sportreferent diente. 1939 war er zur Wehrmacht eingezogen worden und hatte schon kurz darauf (bereits als Artillerist) am Polen-Feldzug teilgenommen.

Im April 1941 war Hans Kattnig als Wachtmeister (bei berittenen Einheiten entsprechend des Ranges eines Feldwebels) bei einer jener Truppen (Artillerie-Regiment 132), die in Jugoslawien einmarschierten, und im Juli 1942 als Gebirgs-Artillerist an der Schlacht um den Kaukasus beteiligt gewesen. Danach war er nach Rußland und auf die Krim-Halbinsel beordert worden und in schwere Kampfhandlungen geraten. Auf der

Position des Vorgeschobenen Beobachters war Kattnig (inzwischen Familienvater eines Sohnes und einer Tochter) dann durch einen Beckendurchschuß schwer verwundet und in der Folge nach Innsbruck ins Lazarett eingeliefert worden. Nach der ersten Zeit seiner Genesung hatte man ihn in die Normandie beordert, um dort die Verwundung gänzlich ausheilen zu lassen. Im Verlauf von fast vier Kriegsjahren war Kattnig am 29.9.1942 zum Leutnant avanciert und hatte am 18.11.1941 das Eiserne Kreuz II. Klasse verliehen bekommen, am 13.1.1942 das Sturmabzeichen, am 7.8.1942 die Medaille für die Teilnahme an der Winterschlacht im Osten 1941/42, am 7.10.1942 das Verwundetenabzeichen in Schwarz und am 16.12.1942 den Krimschild. Ab dem 29. Mai 1943 hatte Hans Kattnig

Leutnant Kattnigs silbernes Sturmabzeichen.
Dieses Abzeichen wurde am 1.6.1940 gestiftet und an Soldaten aller Waffen verliehen, die zusammen mit der Infanterie oder Panzern gekämpft und an mindestens drei Sturmangriffen in vorderster Linie und an drei verschiedenen Kampftagen teilgenommen hatten.
Abbildung: Archiv von Keusgen

Ein Tabu für deutsche Soldaten – das Kalvarienkreuz von 1879 am östlichen Ortsausgang von Azeville und vor der Kasematte Nr. 2.   **Foto: von Keusgen 2004**

Hans Kattnig nahm am 21. August 1943 nach Beendigung seines Urlaubs Abschied von seiner Familie in Österreich (von links: Sohn Gerd, Ehefrau Ilse und Tochter Sigrid).   **Foto: Kollektion H. Kattnig**

Die beiden Unterstände des Typs VF 2b sollten ursprünglich als Munitionsdepot für die 10,5-cm-Geschütze dienen. Diese wurden jedoch in Ermangelung entsprechend großer Bestände als solche nie genutzt. Deshalb kam es auch nie mehr dazu, daß in dieser Nische mit dem dahinter befindlichen Schacht ein Aufzug für die Munition eingebaut wurde. So

diente der Schacht als Notausstieg für die Soldaten, die in diesem Raum einquartiert wurden. Aus der Nische ragt noch immer ein Stück des als "gepanzert" bezeichneten Telefonkabels.
Der ehemalige Eingang zum Tunnelsystem zwischen den Kasematten Nr. 1 und Nr. 2.   **Fotos: von Keusgen 2004**

zur Heeres-Küsten-Batterie 10./745 gehört, die nahe der kleinen Ortschaft Lestre in der Normandie lag – sieben Kilometer von Azeville entfernt. Über Weihnachten und den Jahreswechsel 1943/44 hatte Kattnig den dortigen Batteriechef, Hauptmann Endress, vertreten. Am 1. Februar 1944 wurde er zur 2./1261 HKAR versetzt.

Leutnant Kattnig war infolge seiner Fronterfahrungen trotz auf dem Stützpunkt befindlicher *(zeitweise)* höherer Dienstgrade vom Batteriechef Dr. Treiber zu seinem Stellvertreter ernannt worden. Er war ein freundlicher, toleranter und humaner Offizier und schon bald bei den Stützpunktsoldaten beliebt. Darüber hinaus waren Leutnant Kattnig und Dr. Treiber bemüht, den Einwohnern des Ortes das Leben unter der deutschen Besatzung so leicht wie möglich zu machen. Sie kümmerten sich, sofern es im Rahmen ihrer Kompetenzen lag, auch um die Belange der Bevölkerung. So gibt es am Rand der Dorfstraße ein kleines steinernes Kreuz, das auf einer zweieinhalb Meter hohen, schlanken Steinsäule steht, diese wiederum auf einem vierstufigen Postament. Dieses aus dem 19. Jahrhundert stammende Kreuz, das die Bewohner der kleinen Ortschaft einst aus religiösem Anlaß errichtet hatten, befand sich nun mitten auf dem Batteriegelände. Aus Respekt vor den Traditionen der ortsansässigen Franzosen befahl Hauptmann Dr. Treiber, daß kein Bauarbeiter der Organisation Todt und kein deutscher Soldat diese Säule mit ihrem Kreuz berühren dürfe. Viele Sympathien waren dem Hauptmann und dessen Leutnant auch seitens ihrer Soldaten und der Franzosen zuteil

Eine von vier Fotografien jeder einzelnen Kasematte, auf deren Rückseiten Hans Kattnig in deutscher Schreibschrift die offiziellen Numerierungen vermerkt hat: "Schartenstand 1 Azeville, August 1943."

Abbildungen: Kollektion H. Kattnig

geworden, weil sie sich gegen die äußerst schlechte Behandlung durch die Organisation Todt gegenüber den Kriegsgefangenen aus den Ostgebieten nachdrücklich ausgesprochen hatten. Infolge ihres Engagements konnten sie etwas Linderung ihrer schrecklichen Lebens- und Arbeitsbedingungen erwirken. Kattnigs Bestreben nach Menschlichkeit und einem guten Miteinander unter den Völkern fand ebenfalls durch seinen Vorgesetzten vollste Unterstützung. Der Leutnant war auf dem stattlichen Anwesen La Cour d'Azeville neben der Kirche des Ortes einquartiert, direkt an der Ortsdurchgangsstraße, der D 269, die schlicht als La Rue bezeichnet wird.

Nach Fertigstellung der letzten der vier großen Kasematten, im September 1943, wurde eine weitere Tunnelverbindung *(mit einem speziellen Eingang zwischen den beiden südlichen Kasematten)* zum nördlichen Tunnel hergestellt. Auch ließ man die Kasematten Nr. 2, 3 und 4 durch einen aus Zeitmangel nur improvisierten Tunnel miteinander verbinden. Er bestand aus einem schmalen, nur wenig mehr als mannshoch ausgehobenen Graben, der mit Wellblech-Halbschalen überdeckt und, wie der andere Tunnel auch, mit einer dünnen Erdanschüttung und aufgeschichteten Grasplaggen getarnt wurde. Seine Seitenwände waren durch starke Holzverschalungen gestützt und er verlief fast parallel, durchschnittlich 19 Meter von dem anderen Tunnel entfernt. Die beiden langen Tunnels wurden dann durch zwei

Die Reste des ehemaligen, aus Natursteinen und Sandsäcken improvisierten Flak-Standes auf der Abdeckung der Kasematte Nr. 1, rechts hinten der Tobruk-Stand. Im Hintergrund links jenes Anwesen, in dessen Haupthaus Hauptmann Dr. Treiber einquartiert war (Pfeil).

Der ehemalige MG-Stand am westlichen Eingangsbereich des Stützpunktes.
Fotos: von Keusgen 2004

Kasematte Nr. 2 mit dem zugeschütteten Bassin heute.
Foto: von Keusgen 2004

weitere miteinander verbunden. Die einzelnen Gefechtspositionen und Geschützstellungen standen miteinander in telefonischer Verbindung. Darüber hinaus war die HKB Azeville auch noch mit ihren beiden „Schwester-Batterien", der MKB Marcouf und der HKB St.-Martin-de-Varreville durch unterirdische Kabel miteinander verbunden. Die Telefonkabel stellten nicht nur ein sehr umfangreiches und leistungsstarkes Netz dar, sondern auch ein sehr solides. Man hatte sie zur Sicherheit besonders verstärken lassen, und so waren die armstarken

Bild links oben: Kasematte Nr. 2 mit dem davor befindlichen 8,60 Meter breiten und 11 Meter langen Löschwasserbassin, das den Soldaten als Schwimmbecken diente. Am Bunker der Tarnanstrich und die Bemalung mit dem bunten Meeresmotiv.
Foto: R. Milet 1953

Die 10,5-cm-Haubitze in der Kasematte Nr. 1 nach den Kampfhandlungen.
Foto: US National Archives

Schon bald nach seiner Ankunft in der Normandie hatte sich Leutnant Kattnig zwei Spaniel angeschafft – Bruno und Nero.
Foto: Kollektion H. Kattnig

Kabel in leichten Schlangenlinien in der Erde verlegt worden. Somit konnten sich die Leitungen bei von Bombardierungen verursachten Detonationen und Erdverschiebungen hin und her bewegen, ohne zu zerreißen oder zu brechen.

Nachdem bis zum Frühjahr 1944 auch die letzte Arbeitskolonne der OT das Batteriegelände verlassen hatte, kehrte langsam eine gewisse Normalität im Dienstablauf der Soldaten der 2./1261 HKAR ein. Hauptmann Dr. Treiber ließ jedoch weiterhin von seinen Soldaten Schanzarbeiten verrichten und Laufgräben zu den wichtigsten Positionen ausheben. Dieses war eine mühsame Arbeit, die in dem steinigen Erdreich nur sehr langsam vor sich ging. Doch wurde so im Lauf der Zeit das gesamte Gelände mit infanteristischen Waffen auch noch zu einer guten Nahverteidigungsanlage ausgebaut.

Allabendlich hatten in jeder Kasematte 12 Soldaten Bereitschaft: Ein Mann stand im Geschützraum Wache, ein Mann in der Eingangsverteidigungsanlage und einer im MG-Stand in der Bunkerabdeckung. Neun Mann konnten sich in dem jeweiligen Bereitschaftsraum, der sich hinter dem Geschützraum befand, aufhalten. Doch die Soldaten waren nicht besonders glücklich, von feuchten Wänden umgeben zu sein, deren Ausdünstungen noch monatelang ihre Augen und Nasenschleimhäute reizten. In den Räumen der Geschützbunker waren an eigens dazu vorgesehenen Rauchabzügen unmittelbar nach Fertigstellung der Bunker eiserne Kanonenöfen angeschlossen worden, um zur schnelleren Austrocknung der dicken Betonwände beizutragen. Das Holz und die Kohlen für diese Öfen wurden von dem 20-jährigen Bauernsohn Jacques Féron aus Azeville geliefert.

Um die auffälligen und frei im flachen Gelände stehenden Bunker vor der gegnerischen Luftaufklärung zu tarnen, ließ der Batteriechef sie bemalen. Die großen, eckigen Bunker Nr. 3 und 4 bekamen durch den Anstrich das Aussehen alter normannischer Häuser mit Fachwerk und Natursteinen, Fenstern und sogar Balkonen. Die moderner konstruierten und

45

etwas in den Erdboden eingelassenen Bunker Nr. 1 und 2, südlich der Durchgangsstraße, waren ohnehin für Angreifer schwerer zu erkennen und wurden derart mit einem simplen Muster bemalt, daß sie aus weiterer Entfernung großen Steinwällen glichen. Erst später, als sich 1944 die Bomberangriffe verstärkten, wurde auf der Abdeckung der Kasematte Nr. 1 eine zusätzliche Stellung für eine weitere 3,7-cm-Flak errichtet. Zu diesem Zweck wurde eine notdürftige Ringstellung aus groben Natursteinen und aufeinander geschichteten Sandsäcken erstellt. Der gesamte Stützpunkt war mit mehreren Reihen hintereinander liegender Stacheldrahtverhaue nach außen hin abgeschlossen und das fruchtbare Weideland im Außenbereich des Areals ab Anfang 1944 weitläufig mit in den Boden gerammten langen

Letzte Besprechung betreffs der Arbeiten für den Bau des westlich gelegenen großen MG-Standes sowie des verzweigten Tunnelsythems zur Verbindung der einzelnen Verteidigungsanlagen. (Das Foto wurde aus dem Innenraum der direkt daneben befindlichen Holzbarakke aufgenommen – siehe die Spiegelung eines ihrer Fenster der gegenüberliegenden Seite des Raums.)

Die Holzbaracke für die Soldaten (links im Bild) kurz vor der Fertigstellung. Zwei zum Stützpunkt gehörende Ost-Soldaten sägten noch Bretter für das Dach zu.

Fotos: Kollektion Dr. H. Treiber

Die Grundmauern jener als Casino bezeichneten Holzbaracke, die einst den Soldaten für ihre Festivitäten diente. Parallel dazu, direkt angrenzend, verläuft noch heute der betonierte Tunnel, dessen zwei Noteinstiege 1944 direkt vom Innenraum der Baracke zugänglich waren (und sicherheitshalber seit der 1950er Jahre bis ins zweite Jahrzehnt des 21. Jahrhunderts vergittert). Der westliche Eingang dieses Tunnels (links) führt auch zum nahen, betonierten MG-Stand (siehe Seite 40).

Foto: von Keusgen 2004

Baumstämmen gegen Luftlandeunternehmen gesichert. Diese Luftlandehindernisse wurden von den Soldaten spöttisch als „Rommelspargel" bezeichnet. Der Stützpunkt der Heeres-Küsten-Batterie war noch lange nicht gänzlich fertiggestellt. Außerdem bestanden die beiden flagrantesten Schwächen der HKB im Mangel an panzerbrechender Munition *(ein Nachteil, der fast alle Heeres-Küsten-Batterien betraf)* und das hohe Durchschnittsalter der Mannschaften.

Da bisher das Durchschnittsalter der Soldaten der Küsten-Batterien 45 Jahre betrug, ließ Rommel bei einigen Stützpunkten das Personal durch junge Soldaten „auffrischen". *(Infolge einer Anordnung Adolf Hitlers wurden ab Anfang 1943 die neu eingezogenen jungen Soldaten wegen der äußerst fatalen militärischen Situation in Rußland nicht mehr an die Ostfront geschickt, sondern nach Frankreich.)* So trafen noch im April und Mai 1944 viele junge Männer auf dem HKB-Stützpunkt ein, um ihre älteren Kameraden abzulösen. Doch Batterieoffizier Kattnig betrachtete die jungen, noch unerfahrenen Soldaten mit großer Sorge – viele von ihnen waren gerade erst 17 Jahre alt. Später sagte Kattnig dazu:

Bild oben rechts: Nachrichten-helferinnen als Wandmalerei im Casino.
Bild oben links: Die Bühne des Casinos.
Bild unten: Der Innenraum des Casinos bot Platz für 50 Personen.
Fotos: Kollektion Dr. H. Treiber

Bild oben: Aufstellung des Umzugs vor der Kasematte Nr. 1

Bild rechts: Der Umzug über das Batteriegelände führte am Kalvarien-Kreuz und einer Baracke der OT vorbei. Der erste und zweite Mann der Batterie (Dr. Treiber mit Pauke und Hans Kattnig mit Trommel) gaben den Takt für den Marschtritt an, dem sich dann die Stützpunktbesatzung anschloß.
Fotos: Kollektion Dr. H. Treiber

„Die jungen Kerle haben dann ihr erstes Feuer erlebt und sich in die Hosen gemacht."

Da es in der normannischen Provinz nur wenig Abwechslung für die dort stationierten Soldaten gab, versuchte der Batteriechef das eintönige Leben seiner Männer auf dem Stützpunkt aufzulockern und etwas Freude hineinzubringen. Gleichzeitig verlangte Dr. Treiber von seinen Soldaten größte Disziplin gegenüber der französischen Bevölkerung.

Beton gegossene Zisterne, die als Speicher für Löschwasser diente. Dieses Bassin ließ Dr. Treiber von der Stützpunktbesatzung in der warmen Jahreszeit als Schwimmbecken benutzen. Die Soldaten konnten nun zwar baden, nicht aber das Meer sehen. So erlaubte der Batteriechef auch noch, die zum Landesinneren gewandte Seite des Bunkers Nr. 2 von einem Künstler unter den Soldaten noch so zu bemalen, wie sich von der B-Stelle auf der Anhöhe beim zwei Kilometer entfernten Crisbecq der herrliche Anblick auf das Meer bot – mit dem Wasser, den Inseln von St. Marcouf und einer aufgehenden roten Sonne.

Es gab aber noch weitere Vergünstigungen, die der Chef der 2. Batterie seinen Soldaten ermöglichte. So ließ er von ihnen nahe des Haupteingangs eine geräumige Baracke für gemeinsame Festivitäten errichten – direkt neben dem parallel zur Durchgangsstraße verlaufenden Tunnel.

Diese Baracke unterschied sich bereits äußerlich in ihrer sauberen Bauweise von den improvisierten Holzhütten für die Bauarbeiter. Aus der ursprünglich als einfache Freizeitstätte geplanten Baracke war im Lauf der Zeit und einem akribischen Engagement der Soldaten ein eleganter Raum geworden, den sie als Casino bezeichneten. In ihr wurden 12 Tische mit 50 Stühlen aufgestellt. Es gab eine kleine Bühne mit einem farbigen Bühnenbild und gerafften Vorhängen sowie zwei Klaviere.

Das Casino besaß zwei direkte, fensterähnliche Zugänge zu dem Tunnel, der die Unterstände miteinander verband. Diese annähernd einen Quadratmeter großen Öffnungen befanden sich direkt über dem Fußboden und zwischen den Tischen. Durch diese Öffnungen war es den Männern möglich, im Alarmfall sofort und gefahrlos in den Tunnel und zu den Waffen zu gelangen. In ihrer Freizeit wurde diese Stätte von den Batterieangehörigen gern aufgesucht, auch fanden hier in regelmäßigen Abständen kleine, von den Soldaten inszenierte Aufführungen statt.

Außer der gelegentlichen Veranstaltungen im Casino der Batterie organisierte Dr. Treiber immer wieder seine unkonventionellen Festivitäten, bei denen man jedes Mal mit lauter Musik und viel Gesang durch ganz Azeville zog – und demonstrierte auf diese Weise, daß die deutschen Besatzungssoldaten auch nur Menschen waren. Auch der zweite Mann der Batterie, Leutnant Hans Kattnig, beteiligte sich gern an diesen unmilitärischen Aktionen – als einziger der fünf Batterie-Offiziere. Die Soldaten trugen anläßlich der Umzüge gewendete Uniformjacken und setzten ihre Mützen verkehrt herum auf. Ihnen voraus wurde ein Schild getragen, auf das Dr. Treiber schreiben ließ "Zone Militaire et défense d´enfer" *(Militärbereich und Verteidigung der Hölle)*.

Bild rechts: Der Chef der "Höllenverteidiger". In Wahrheit war Dr. Treiber ein bekennender Kriegsgegner, äußerst pedantisch und sehr streng.

Bild unten: Die überwiegend ältere Stützpunktmannschaft beim Defilee durch Azeville. **Fotos: Kollektion Dr. H. Treiber**

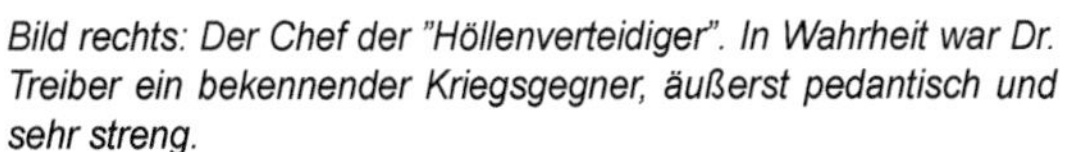

Erklärungen zum Plan (Stand vom 6. Juni 1944)

Plan der schweren Marine-Küsten-Batterie Marcouf

1. *Kasematte Nr. 1 des Typs R 683 (bestückt mit einer 21-cm-Langrohrkanone, Modell Skoda 39/41).*
2. *Kasematte Nr. 2 des Typs R 683 (bestückt mit einer 21-cm-Langrohrkanone etc.).*
3. *Im Bau befindliche Kasematte Nr. 3 des Typs R 683 (moniert und verschalt, gußfertig).*

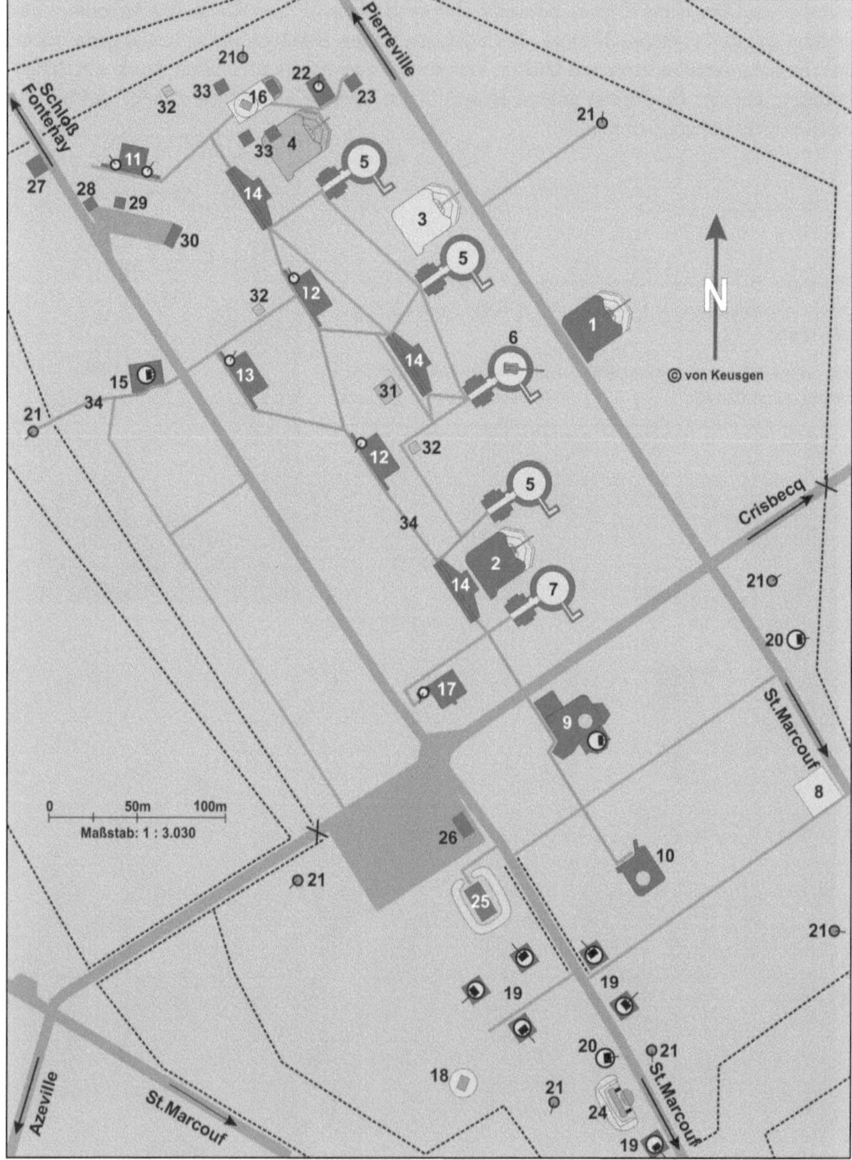

4. *Geplanter Bauplatz für Kasematte Nr. 4 des Typs R 683.*
5. *3 offene, betonierte Ringstellungen (ursprünglich für 15,5-cm-Kanonen; nach Übernahme des als Heeres-Batterie erstellten Stützpunktes durch die Marine wurden diese Geschütze abgezogen).*
6. *Offene, betonierte Ringstellung (wie vorstehend bezeichnet; in ihr wurde im April 1944 eine 21-cm-Langrohrkanone provisorisch und bis zur Vollendung der Kasematte Nr. 3 aufgestellt).*
7. *Offene betonierte Ringstellung (wie vorstehend bezeichnet; auf ihr befand sich ursprünglich ein 15-cm-Geschütz zum Verschießen von Leuchtmitteln, das nach Errichtung der Kasematte Nr. 2 im süd-östlichen Stützpunktbereich aufgestellt wurde; zu sämtlichen Ringstellungen gehörten ein Unterstand für den Geschützführer und zwei Munitionsbunker).*
8. *Im Bau befindliche Kasematte für das 15-cm-(Leucht-)Geschütz (moniert, unverschalt).*
9. *Bunker-Sonderkonstruktion für die B-Stelle der MKB Marcouf mit einer gepanzerten Beobachtungskuppel und einem MG-Stand, angebautem Elektrizitätsraum sowie einer Stellung für eine 2-cm-Flak.*
10. *Bunker des Typs R 120a der B-Stelle der HKB Azeville mit gepanzerter Beobachtungskuppel.*
11. *Halbunterirdischer Unterstand des Typs R 621 SK mit zwei MG-Ständen (der als Sanitätsstation genutzt wurde, ausgestattet mit einem Luftfilter gegen chemische Kampfstoffe).*
12. *2 halbunterirdische Unterstände des Typs R 622 mit je einem MG-Stand.*
13. *Halbunterirdischer Unterstand des Typs R 502 SK mit einem MG-Stand (für nur 10 Soldaten, dafür mit einem Büro der anfangs stationierten HKB, einem Wasserspeicher und einer Munitionskammer).*
14. *3 halbunterirdische Unterstände des Typs R 134 (Munitionslager für 21-cm-Granaten).*
15. *Halbunterirdischer Unterstand des Typs L (= Luftwaffe) 410 (mit Unterkunft für 15 Soldaten) mit aufgebautem Stand für eine 2-cm-Vierlings-Flak.*
16. *Betonplattform für einen Suchscheinwerfer (daneben in einer tiefen Erdmulde sein Stromaggregat).*
17. *Unterirdischer Unterstand des Typs R 501 SK (mit Unterkunft für 10 Soldaten) und einem MG-Stand.*
18. *Suchscheinwerfer*
19. *6 betonierte Stände für 7,5-cm-Flak (französische Modelle der Typen Schneider FK 231 und FK 97).*
20. *2-cm-Fliegerabwehrkanonen (die im südlichen Bereich befindliche stand auf einem Holzturm).*
21. *9 offene MG-Stellungen (eine davon südöstlich, außerhalb dieses Plans).*
22. *MG-Tobruk-Stand*
23. *Betonierter Unterstand für ein Lichtsprechgerät (zur Kommunikation mit Oberst Triepel bei Quinéville)*
24. *Telemetriegerät (= Entfernungsmeßgerät; 7 Meter lang, von einem hufeisenförmigen Erdwall umgeben, davor ein großer Stein, alles mittels Wellblech überdacht – dieses Gerät überstand die 6-tägigen schweren Kampfhandlungen unbeschadet).*
25. *Holzbaracke (wurde vom Batteriechef als Büro und Kartenraum genutzt; war von einem hufeisenförmigen Erdwall umgeben und mit Tarnnetzen überdeckt).*
26. *Bunker für Infanterie-Munition und Lagerplatz für Baumaterial.*
27. *Küche/Kantine*
28. *Betonierter Unterstand (Wachtposten)*
29. *Kühlhaus (für Fleischvorräte)*
30. *Duschraum*
31. *Löschwasserbassin*
32. *3 acht Meter tiefe Brunnen*
33. *3 betonierte kleine Unterstände*
34. *Laufgräben (2 Meter tief und 1,80 Meter breit, in denen von den Munitionsdepots zu den Kasematten Feldbahngleise verlegt waren, um mittels kleiner Wagen die 21-cm-Granaten zu transportieren).*

Das gesamte Terrain der MKB Marcouf war durch ständige Bombardierungen permanent derart aufgewühlt, daß es keine Grünfläche mehr gab und man auf Tarnungen mittels Grasplaggen verzichten mußte.

Die schwere Marine-Küsten-Batterie Marcouf

Das Heeres-Küsten-Artillerie-Regiment war in drei Abteilungen gegliedert: HKAA I = KVUGr = Küsten-Verteidigungs-Unter-Gruppe St. Mar-couf, beinhaltete die Batterien St.-Martin-de-Varreville, Azeville und Marcouf. HKAA II = KVUGr St. Vaast, beinhaltete die Batterien Coquerelle, Crasville und Morsalines. HKAA III = KVUGr Barfleur, beinhaltete die Batterien Gatteville, Lestre und Quinéville.

Der 59-jährige Oberst Gerhard Triepel *(von seinen Soldaten kameradschaftlich Schulze genannt)* war Kommandeur des HKAR 1261 und somit Befehlshaber über acht an der östlichen Flanke der Cotentin-Halbinsel stationierten Batterien dieses Regiments *(bis zum D-Day, dem 6. Juni 1944, befanden sich insgesamt 28 Heeres- und Marine-Küsten-Batterien in seinem Befehlsbereich).* Sein Hauptquartier war im 22 Kilometer in nördlicher Richtung von Azeville entfernten La Pernelle etabliert, sein Gefechtsstand jedoch in einem von zwei Bunkern an der nur 3,9 Kilometer *(Luftlinie)* entfernten Kreuzung der nahe am Stützpunkt vorbeiführenden D 14 und der Landstraße nach Quinéville. Nahe bei Triepels Gefechtsstand befand sich auch der Gefechtsstand des Oberstleutnants Keil, dem Kommandeur des Grenadier-Regiments 919.

Im Dezember 1941 wurde auf dem leicht schräg abfallenden Gelände, nur 250 Meter oberhalb der kleinen Bauernsiedlung Crisbecq und 700 Meter von St. Marcouf entfernt, ein großflächiges Areal für eine weitere deutsche Verteidigungsanlage im Atlantikwall abgesteckt – ein Stützpunkt mit der Nummer 15. Hier sollte auf jenem 2.800 Meter vom Meer entfernten Terrain, auf dem sich ab Anfang 1942 auch die B-Stelle der HKB Azeville befand, eine vorgelagerte Heeres-Küsten-Batterie-Anlage entstehen. Das leicht abschüssige Gelände fällt auf 800 Meter in einem Winkel von 16 Grad seewärts ab und senkt sich dabei von 31 Metern Höhe bis auf nur noch 4,5 Meter über dem Meeresspiegel. Von dort aus bietet sich ein außergewöhnlich guter Überblick auf den Küstenbereich östlich der Cotentin-Halbinsel, und es ist möglich, bei klarem Wetter (mit Sichtgeräten) das gesamte Seegebiet von der nördlich gelegenen, 14 Kilometer entfernten Landzunge der Pointe de Saire bis zur 15 Kilometer entfernten, südöstlich gelegenen Vire-Bucht, der Baie des Veys, zu übersehen.

In den ersten Wochen wurden im südlichen Abschnitt des Stützpunktes zwei geräumige Baracken errichtet, die vorerst als Unterkunft für einen Teil der Bauarbeiter der Organisation Todt dienten. Für die Masse der Arbeiter hatte die OT beim Schloß Franqueville bereits im Dezember 1941 fünf Holzbaracken aufstellen lassen. Zwangsarbeiter und Kriegsgefangene mußten auch auf dieser Baustelle im Freien biwakieren.

Seit Beginn des Jahres 1942 entstanden im nördlichen Teil des Areals zuerst fünf große und 1,5 Meter tief in den Erdboden betonierte Ringstellungen, von denen schon nach wenigen Wochen vier mit 15,5-cm-Kanonen als Hauptbewaffnung bestückt wurden. Im südlichen Abschnitt errichtete die OT die ersten Flak-Stellungen, im nördlichen wurde ein großer Suchscheinwerfer mit einem speziellen, halb im Erdboden versenkten Stromaggregat aufgestellt.

Im südlichen Stützpunktbereich wurde auf den massiven und sechs Meter hohen Natursteinmauern einer ehemaligen alten Kamin- und Ofen-Fabrikationsstätte ein acht Meter hoher Holzturm errichtet, der vorerst als Observationsstand diente *(bis zur Fertigstellung eines speziellen Beobachtungsbunkers mit einer Panzerkuppel – dann wurde auf dem Turm*

Bild oben links: Eine der fünf betonierten Ringstellungen, deren Innendurchmesser annähernd 20 Meter beträgt. In vier dieser Stellungen wurden (nur anfangs) 15,5-cm-Kanonen aufgestellt.

Namen und Begriffe an den Innenwänden der Ringstellungen bezeichneten die jeweiligen Koordinaten für die Grundeinstellungen der Kanonen.

Der Sockel für den Geschützdrehtisch im Zentrum einer Ringstellung.

Fotos: von Keusgen 2004

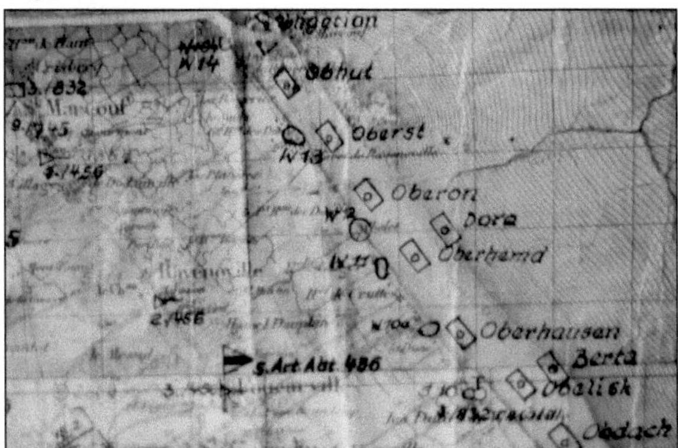

Auf einer Karte wurden die Koordinaten eingetragen, nach deren Positionen alle vier Kanonen ihre Grundeinstellungen für den Beschuß des Strandes erhielten (siehe Bild oben rechts)

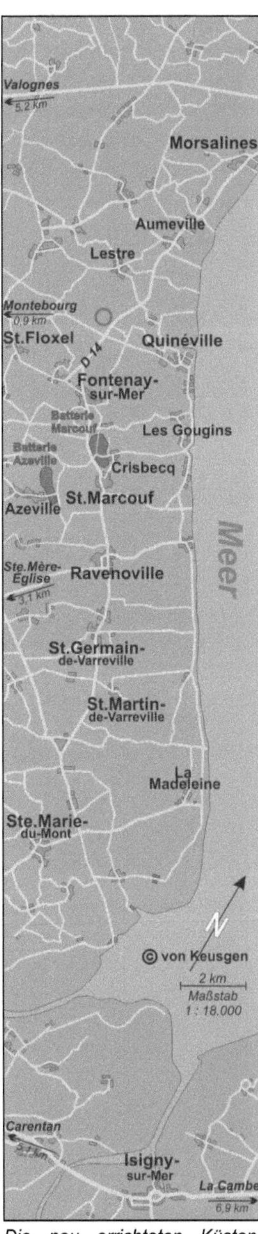

Die neu errichteten Küsten-Batterien Azeville und Marcouf sowie die Position von Oberst Triepels Gefechtsstand auf der Ginsterhöhe (Kreis).

53

ein 2-cm-Fliegerabwehr-Maschinengewehr installiert). Auch entstanden auf dem gesamten Areal der Marine-Küsten-Batterie die ersten Nahverteidigungsanlagen.

Im Zentrum des Stützpunktes, direkt an jenem flachen Grad, von dem aus das Gelände sanft zur Seeseite hin abfällt, und auf gleicher Höhe der nur 71 Meter entfernten B-Stelle der HKB Azeville, entstand dann in wenigen Wochen der Beobachtungsbunker für die neue Heeres-Küsten-Batterie mit dem Feuerleitstand. Doch die notwendigen,

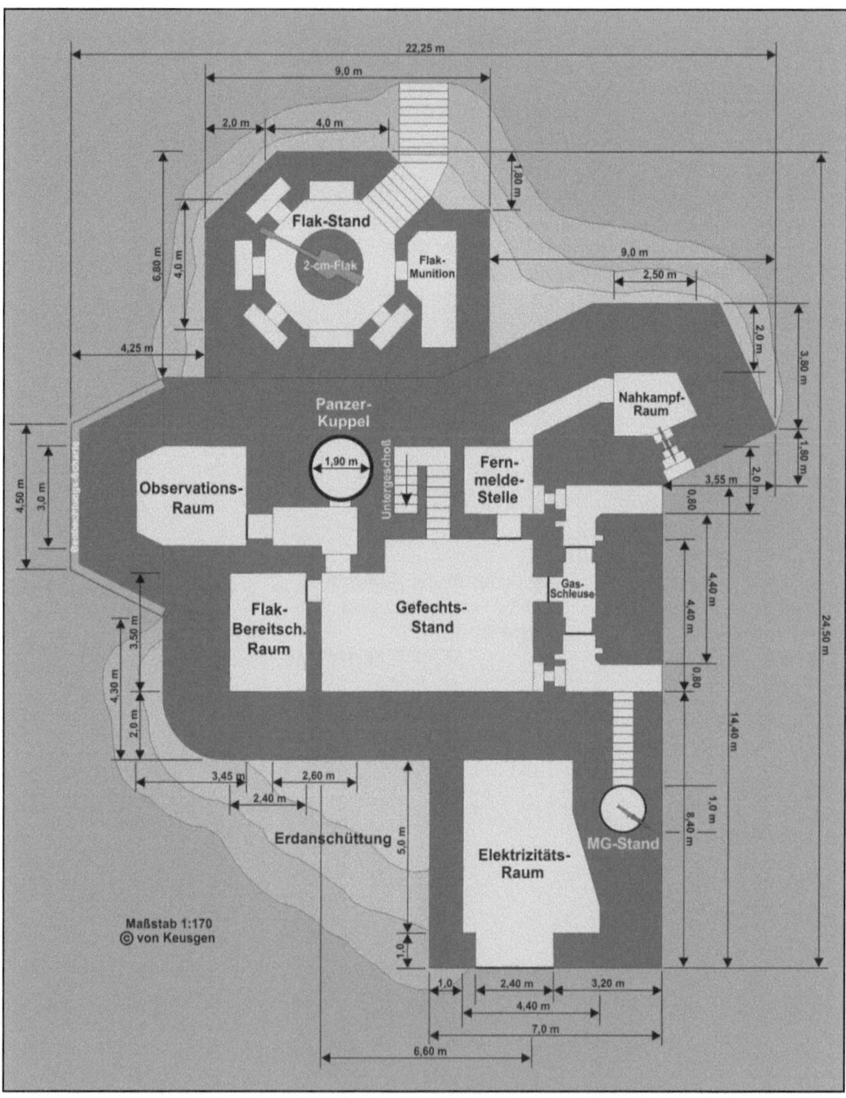

Grundrißplan der Beobachtungsbunker-Sonderkonstruktion der MKB mit ihren beiden Anbauten. Unter dem Bunker gab es noch einen weiteren Raum, zu dem eine schmale Treppe hinabführte.

modernen Feuerleitmittel wurden nicht geliefert. So bestand lediglich die Möglichkeit, sich Seeziel-Ortungen von der benachbarten B-Stelle der HKB Azeville und mittels deren alten französischen Telemetriegerätes einzuholen, oder man konnte unter Zuhilfenahme eines Scherenfernrohrs mit Gradeinteilung schießen. Der geräumige Bunker dieser B-Stelle diente der Batterie auch als Gefechtsstand.

Kurze Zeit nach Fertigstellung des B-Bunkers wurde an seiner nördlichen Flanke ein geräumiger Betonunterstand angebaut, in dem man einen Elektrizitätsraum mit einem leistungsstarken Stromaggregat einrichtete. An der südlichen Flanke entstand ein spezieller Flak-Bunker, auf dem ebenfalls ein 2-cm-Fliegerabwehr-Maschinengewehr platziert wurde. Das vierköpfige Bedienungspersonal war im Bereitschaftsraum des Beobachtungsbunkers untergebracht.

34 Meter von der B-Stelle dieser Batterie entfernt wurde dann in einem eigens zu diesem Zweck ausgehobenen Loch eine Holzbaracke mit einer Grundfläche von 5 mal 10 Metern errichtet, die dem Batteriechef als offizielles Büro und Kartenraum dienen sollte. Der Erdaushub wurde zur Tarnung und zusätzlichem Schutz an drei Seiten als Wall aufgeschüttet, von dem aus die Soldaten dann auch noch alles mit einem breiten Tarnnetz überspannten. Der neue Stützpunkt wurde offiziell als 3. Batterie des Heeres-Küsten-Artillerie-Regiments 1261 *(3./1261 HKAR)* bezeichnet.

Die Baracke, die dem Batteriechef als Büro und Kartenraum diente, kurz vor ihrer Fertigstellung. Sie wurde noch mit einem Tarnnetz überdeckt.
Foto: Kollektion Dr. H. Treiber

1943 wurden weitere und ganz erhebliche Ausbauarbeiten betrieben: Ab 1. März begann man mit der Erstellung großer Unterstände. Zuerst entstand ein geräumiger Bunker des Regelbaus 621, der als Sanitätsstation diente, und zwei weitere des Typs R 622, in denen man Wachmannschaften einquartierte. *(In diesen Bunkern wurden keine der sonst üblichen Gasschleusen installiert, dafür stand in jedem ein Holzschrank mit Mitteln zum Dekontaminieren von Kampfgas. Außerdem befand sich in jedem Unterstand eine kleine Pumpe und ein entsprechendes Wasserreservoir zum Abwaschen von Kampfgasen.)* Gleichzeitig wurden auch drei Bunker des Typs R 134 errichtet, die als Depots für die schweren 15,5-cm-Granaten dienten.

Auf der westlichen Seite des Stützpunktzentrums, nahe der Durchgangsstraße entstand ein Bunker des Typs R 501 SK für das Wachpersonal am Eingangsbereich.

Außerdem wurde noch ein Unterstand des Typs R 502 SK mit Mannschaftsunterkunft und einem sehr voluminösen Wasserspeicher gebaut. Das Wasser wurde mittels einer elektrischen Pumpe aus einem der drei auf dem Terrain befindlichen und mehr als acht Meter

Bild oben: Observationsraum der MKB-B-Stelle

Bild rechts oben: Der große Beobachtungsbunker der Küsten-
Batterie Marcouf. An seiner
nördlichen Flanke wurde ein
Elektrizitätsraum (rechts), an
seiner südlichen ein Flak-Stand
(links) angebaut. (Der Betonblock auf der Bunkerabdeckung
gehört zu einer in den 1990er
Jahren speziell für Besucher
angelegten Aussichtsplattform.)
Bild rechts: Frontansicht des
Unterstandes R 621 SK. (Die
Frontansichten der Unter-
stände R 621 und R 621 SK
unterschieden sich darin, daß
der R 621 SK zwei MG-Stände,
der R 621 nur einen MG-Stand
besaß).   **Fotos: von Keusgen 2004**

Abbildung unten: Grundrißplan des Doppelgruppenunterstandes R 622,
der als Unterkunft für 20 Soldaten genutzt wurde.

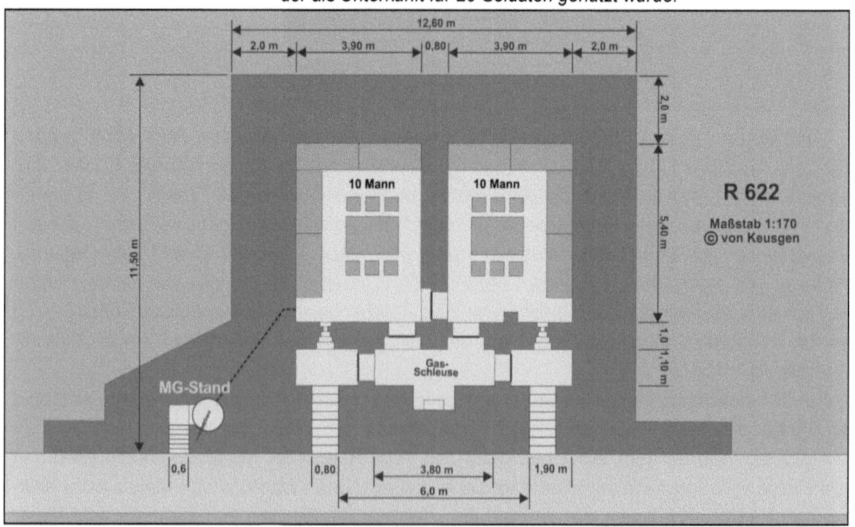

tiefen Brunnen gepumpt. Alle unterirdischen Bunker bekamen einen äußeren Bitumen-Anstrich, um die Betonwände vor Feuchtigkeit zu schützen. Innen wurden alle Gänge und Räume mit einer hellocker getönten Farbe gestrichen.

Im nordwestlichen Stützpunktbereich baute die OT einen Unterstand des Regelbaus L 410 mit einem aufgesetzten, ummauerten Stand für eine 2-cm-Vierlings-Flak. *(Regelbauten mit dem Zusatz L wurden für die Luftwaffe erstellt oder zu Verteidigungszwecken gegen Angriffe aus der Luft.)* Das Flak-Personal wurde in dem Unterstand einquartiert.

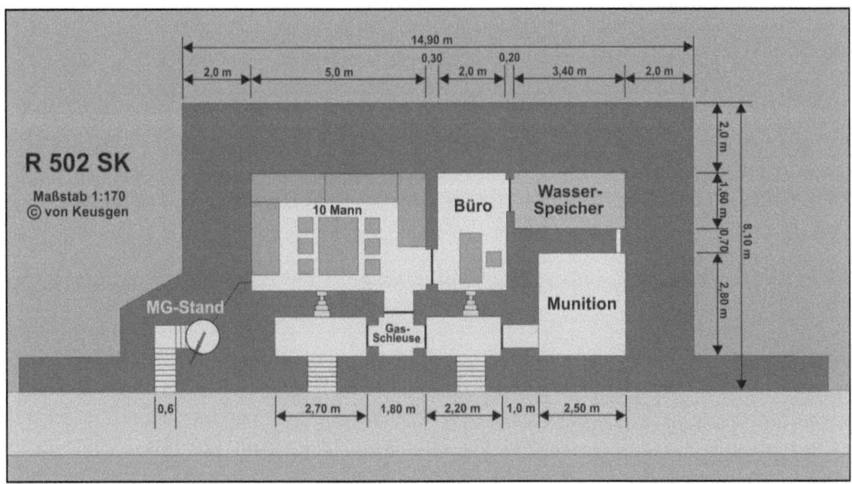

Grundrißplan eines Unterstandes des Typs R 502 SK. Statt der üblichen 20 Soldaten wurde dieser Bunker nur für 10 Mann genutzt, dafür auch als Büro und Wasserreservoir.

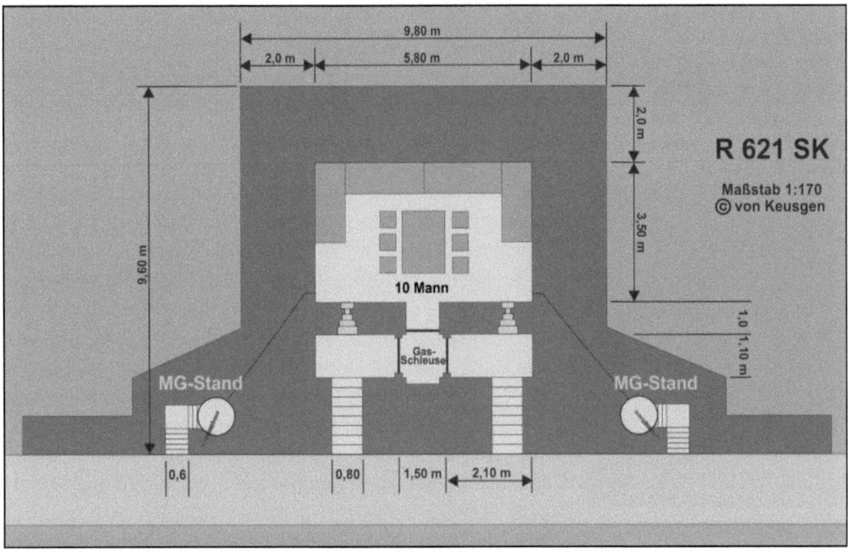

Grundrißplan eines Bunkers des Typs R 621 SK.

*Eingang zum unterirdischen
Wachmannschafts-Unterstand
R 501 SK.*

*Szene des heutigen "Museé de
la Batterie de Crisbecq".*
Fotos: von Keusgen 2004

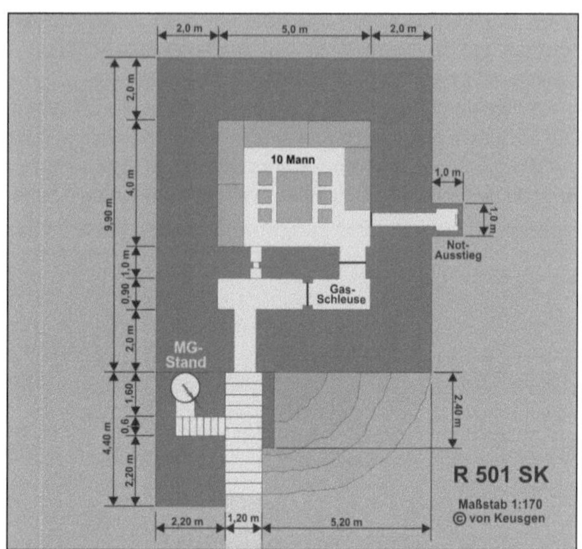

Die OT ließ dann von ihren Arbeitern aus dem angrenzenden, nördlichen Umfeld des Batteriegeländes erhebliche Massen Erdreichs herantransportieren und an die seitlichen und
rückwärtigen Bunkerwände schütten. Auf diese Weise wurde
das vorher stark abschüssige Gelände auf ein fast einheitli-
ches Höhenniveau gebracht, außerdem wurden die Bunker
und Unterstände durch ihre nun halb unterirdische Stellung
noch sicherer und untereinander durch gerade verlaufende,
zwei Meter tiefe Gräben in direkter Linie miteinander verbunden. Die Abdeckungen der Bunker ließen sich einfach mittels
auf den angrenzenden Wiesen ausgestochener Grasplaggen
tarnen. Im nördlichen Stützpunktbereich war ein spezieller,
betonierter Unterstand zur direkten Kommunikation mit dem
knapp vier Kilometer entfernten Gefechtsstand des Oberst
Triepel entstanden. In diesem kleinen Bunker befand sich
ein Lichtsprechgerät, mit dem es möglich war, auf optischem
und für niemanden erkennbaren Weg über Lichtwellen zu
telefonieren.

Im äußersten nordwestlichen Bereich des Stützpunktes
wurde dann auch ein kleiner Bunker erbaut, der als Duschraum für den Fall eines Kampfgasangriffs dienen sollte, ein
größerer für die Küche, und ein weiterer als Kühlhaus für
Fleisch und Lebensmittel. Jedoch fielen die Küche und das
Kühlhaus schon bald einem der Luftangriffe durch die Bomber der Alliierten zum Opfer und waren danach derart schwer
beschädigt, daß man die Küche offiziell auf einem Bauernhof
am südöstlichen Ortsrand von St. Marcouf einrichtete. Das

Anwesen hieß La Barberie und gehörte, genau wie das Anwesen Gourmont, der Familie Digeon.

Die gesamten Ausbauarbeiten dauerten bis zum Ende des Jahres 1943. Inzwischen hatte man die Verbindungsstraße von Azeville und die schmale Feldstraße von St. Marcouf zum unterhalb des MKB-Stützpunktes gelegenen Crisbecq abgeriegelt. Wie auch bei der HKB Azeville, verhinderten die großen, stählernen Belgischen Tore jede Passage – jedoch nur nachts. Auch waren hier sämtliche Zugänge von bewaffneten Wachtposten besetzt. Das Personal der Batterie war

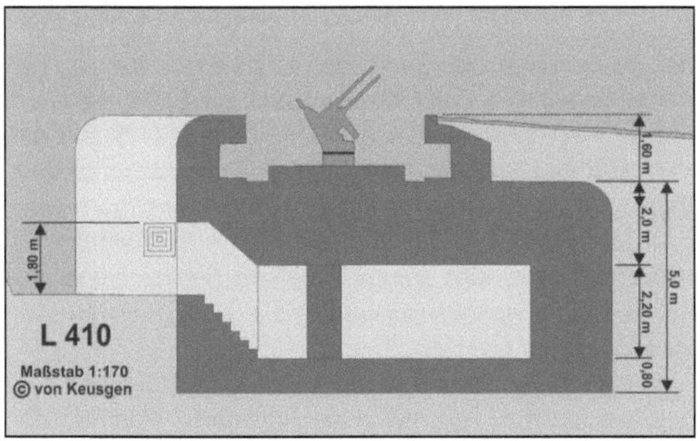

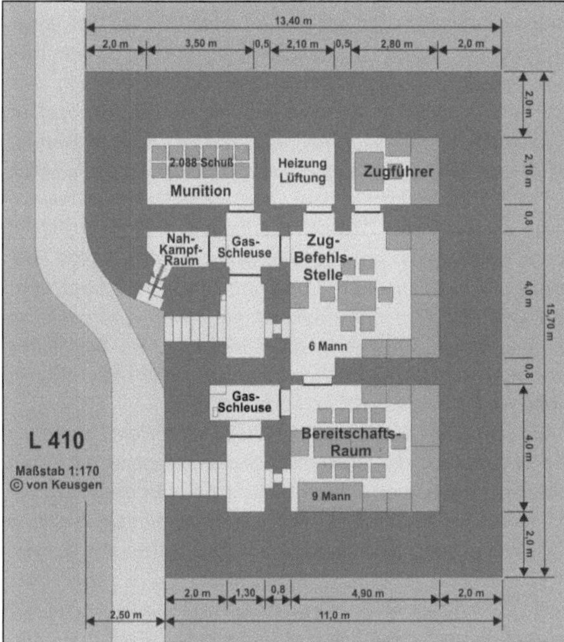

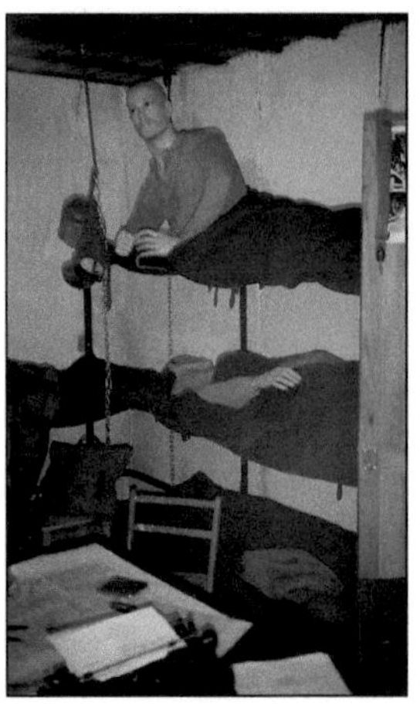

Mannschaftsunterkunft mit an Ketten hängenden Klapp-Kojen, die hochgeklappt werden konnten, um mehr Bewegungsfreiheit im Raum zu bekommen.
Fotos: von Keusgen 2004

Abbildungen links: Querschnitt- und Grundrißplan des Unterstandes L 410 – Unterkunft für 15 Flak-Soldaten sowie ihrem Zugführer. Auf der Bunkerabdeckung befand sich ein betonierter Stand für eine 2-cm-Vierlings-Flak.

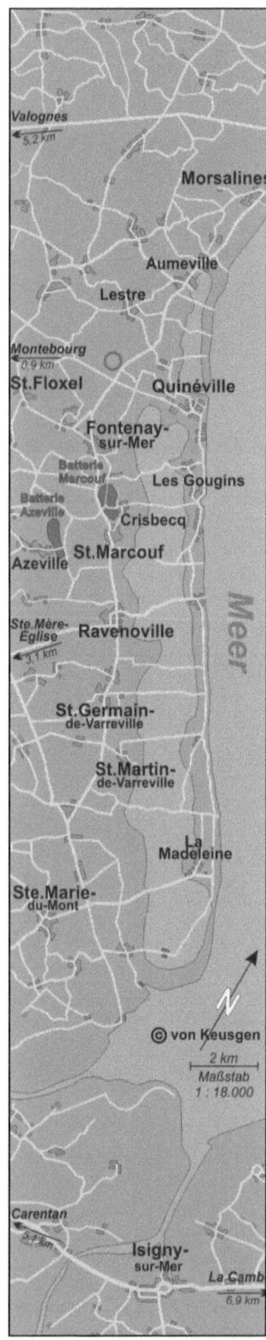

sowohl in den jeweiligen Unterständen wie auch in vielen Privathäusern in St. Marcouf und Crisbecq einquartiert; 20 Mann auch auf dem ländlichen Anwesen Pierreville der Familie Benoit, das sich leicht unterhalb und nur 480 Meter nördlich des Stützpunktes befand.

Am 5. November 1943 ernannte Adolf Hitler in seinem ostpreußischen Hauptquartier Generalfeldmarschall Erwin Rommel zum Befehlshaber der neuen Heeresgruppe B und somit zum Chef über den nord-französischen Teil des Atlantikwalls. Hitlers Sorge galt nach dem mißglückten Landeversuch der Alliierten am 19.8.1942 bei Dieppe einer immer größer werdenden Bedrohung im Westen und einem viel größer angelegten Landeunternehmen zur Eröffnung einer zweiten Front gegen Deutschland. (Er hatte aber bereits am 13.8.1942 den Bau von 15.000 Bunkern und Kampfständen angeordnet und die Ausführungen weiterhin der Organisation Todt übertragen.) So bestand Rommels erste Aufgabe als Inspekteur darin, eine Überprüfung und Begutachtung des von Reichspropagandaminister Goebbels als uneinnehmbar apostrophierten Atlantikwalls vorzunehmen.

Erst die letzte Etappe seiner Inspektionsreise führte Generalfeldmarschall Rommel in die Normandie. Rommel, der im Gegensatz zu Generalfeldmarschall von Rundstedt der Meinung war, daß im Falle eines Landeversuchs der West-Alliierten der Strand die Hauptkampflinie (HKL) bilden sollte (eine Ansicht, die auch Hitler vertrat), war entsetzt über den höchst mangelhaften Ausbau des von Rundstedt nicht zu Unrecht als „Propagandawall" und „Windei" bezeichneten Atlantikwalls. Rommel drängte nunmehr äußerst nachdrücklich auf einen verstärkten Ausbau der Verteidigungsanlagen – doch wurden diese Arbeiten im fünften Kriegsjahr bereits durch Baustoffverknappung infolge der durch ständige Fliegerangriffe entstandenen Transportbehinderungen drastisch beeinträchtigt. Dennoch, Rommel ließ bauen – vornehmlich in Strandnähe. Er war fest der Meinung, ein feindliches Landeunternehmen würde im Raum der weiten Seine-Bucht zwischen Le Havre und Cherbourg erfolgen...

Bis zum Ende des Jahres 1943 hatte es im Raum zwischen den Mündungen der Orne und Vire überwiegend nur einen leichten, feldmäßigen Stellungsbau mit einfachen Betonbauten, offenen MG-Ständen, einigen Panzertürmen, wenigen Geschützständen, Befehls- und B-Stellen und nur vereinzelte,

Karte links: Das auf Rommels Befehl angelegte Überschwemmungsgebiet gegen gegnerische Luftlandeunternehmen.

nach Rommels Ansicht zu weit zurückgelegene Batterien gegeben. Seit dem Jahreswechsel 1943/44 ließ Rommel nun in direkter Küstennähe mit Nachdruck starke Verteidigungsanlagen erstellen. Für die Bauarbeiten wurde befohlen, derart widerstandsfähige Bollwerke für Waffen und Munition zu errichten, daß sie selbst stärkeren Schlägen lange anhaltender Bomben- und Artillerieangriffe standhalten konnten.

Rommel ließ nun eine Vielzahl weiterer Stützpunkte errichten. Somit mußten viele neu oder umnumeriert werden. Der Stützpunkt der HKB bei Crisbecq erhielt nun statt der bisherigen Nummer 15 die neue Nummer 135. Als Rommel die 3. Batterie des Heeres-Küsten-Artillerie-Regiments 1261 inspizierte, stellte er fest, daß sich das Terrain ganz hervorragend als Standort für eine Marine-Küsten-Batterie eignete. Da er eine Landung der Alliierten in diesem Abschnitt der französischen Küste durchaus für möglich hielt, ordnete er eine Verlegung der bisher bei Crisbecq stationierten HKB zugunsten einer MKB an – es war einer seiner ersten Befehle als Chef der Heeresgruppe B. Dann ließ Rommel Anfang 1944 auf diesem Gelände eine Anlage für eine schwere Marine-Küsten-Batterie errichten und befahl dazu den Bau zusätzlicher großer Kasematten für 21-cm-Langrohrkanonen zur besseren Verteidigung dieser seiner Meinung nach gefährdeten Küstenregion. *(Für die Marine-Küsten-Batterien wurden grundsätzlich Standorte in unmittelbarer Küstennähe gewählt, um im direkten Richtverfahren Seeziele bekämpfen oder zur Verteidigung der Küste ihr Feuer als Sperre vor den Strand legen zu können.)* Bereits kurz darauf begann man mit der Verlegung der Heeres-Batterie in eine 1.300 Meter weiter nördlich und nahe Fontenay gelegene offene Feldstellung.

Generalfeldmarschall Erwin Rommel.
Foto: Kollektion M. Rommel

Bau der Kasematte Nr. 1 des Regelbau-Typs 683 auf dem Gelände der neuen Marine-Küsten-Batterie Marcouf.
Foto: ecpa>d

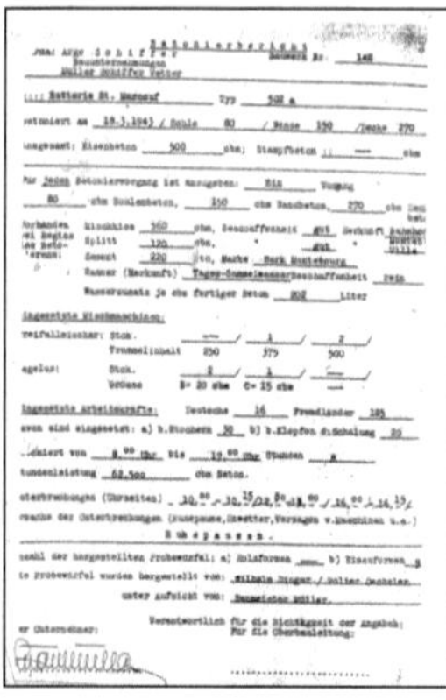

Betonierbericht der Firma Arge Schiffer vom 18.3.43 für den Regelbau-Typ 502. Aus dem Bericht geht hervor, daß 16 Deutsche und 185 "Fremd-länder" (Arbeitskräfte anderer Nationalitäten) an diesem Bau tätig waren.
Abbildung: Archiv von Keusgen

Das Land zwischen Crisbecq und Les Gougins, das Rommel zur Verhinderung gegnerischer Luftlandeunternehmen über-schwemmen ließ.
Foto: von Keusgen 2004

Während ab Ende Januar 1944 mit dem Bau von drei gewaltigen Kasematten des Regelbaus H 683 für 21-cm-Langrohrgeschütze begonnen wurde *(eine weitere war in Planung)* entstand bei Crisbecq nun die größte und stärkste Batterie in der gesamten rund einhundert Kilometer breiten Seine-Bucht *(dem späteren Invasionsraum)*. Jedoch traten immer erheblichere Schwierigkeiten mit dem Nachschub an notwendigem Baumaterial auf, dennoch wurde mit allen ver-fügbaren Mitteln und Kräften gebaut. Außerdem ließ Rommel sämtliche Bäume fällen, die sich in den Gebieten zwischen den Batterien und dem Meer befanden. Die im tiefer gelegenen Küstenbereich befindlichen Areale ließ er großflächig überflu-ten, um somit feindlichen Luftlandungen entgegenzuwirken. Das Überschwemmungsgebiet unterhalb der MKB-Marcouf erstreckte sich von Aumeville über eine Länge von mehr als dreizehn Kilometern bis hinunter nach La Madeleine und war durchschnittlich mehr als einen Kilometer breit.

Auch auf dieser Großbaustelle kamen Kriegsgefangene von der Ostfront zum Einsatz, ebenso wie Personen, die aus politischen Gründen deportiert und zur Zwangsarbeit gepreßt worden waren. Um die Ausbauarbeiten zu beschleunigen, ließ Rommel zusätzlich französische Hilfsarbeiter aus Paris und der Bretagne kommen, die aber das Baugelände sowie das Areal, in dem sie untergebracht waren, aus Sicherheits-gründen nicht verlassen durften. Zusätzlich wurden noch französische Hilfskräfte aus Nachbarortschaften beschäftigt. Infolge einer strikten Anordnung Rommels wurden alle Fran-zosen für ihre Arbeitsleistungen bezahlt. Doch war der Lohn eher dürftig, ebenso wie die finanziellen Entschädigungen für den Sprit, den sie mit ihren Lastwagen und Traktoren verbrauchten.

Nach wiederholten Spionage- und Sabotageaktionen auf anderen Baustellen des Atlantikwalls durch Mitglieder der französischen Widerstandsbewegung Résistance war es den französischen Arbeitskräften aus der Umgebung inzwischen streng verboten, ein Batteriegelände zu betreten – mit weni-gen Ausnahmen. So arbeiteten sie lediglich in den Außen-bereichen der Anlagen. Fotografieren war sowieso generell untersagt, und wer von den deutschen Soldaten fotografieren wollte, brauchte dazu eine Sondergenehmigung des Batterie-chefs. Aus Furcht vor Spionage verboten die Deutschen der französischen Bevölkerung, einen Fotoapparat zu besitzen. Der Besitz eines Radios war bereits seit 1940 nicht mehr erlaubt.

Die nun in Erweiterung befindliche Anlage der neuen schwe-ren Marine-Küsten-Batterie wurde Ende Januar 1944 der

Marine-Artillerie-Abteilung *(MAA)* 260 übertragen. Sie wurde nun offiziell als Marine-Küsten-Batterie Marcouf benannt. Zwar unterstand die MAA 260 offiziell dem Seekommandanten Normandie, dem 46-jährigen Konteradmiral Walter Hennecke, jedoch war dieser in Cherbourg sehr weit von der MKB Marcouf entfernt *(31 Kilometer Luftlinie)*. Aus diesem Grund wurde sie dem Heer und dem Kommando des Oberst Triepel einsatzmäßig unterstellt und erhielt dieselbe Bezeichnung wie die benachbarte Batterie bei Fontenay *(3./1261 HKAR)*. Artilleristisch unterstanden nun auch die HKB Azeville, die MKB Marcouf und die Heeres-Batterie bei Fontenay Oberst Triepel. *(Bis zum Ende des Jahres 1941 setzte sich im Gegensatz zum Heer eine Abteilung der Marine-Artillerie aus Kompanien zusammen. Seit Beginn des Jahres 1942 wurde anstelle der Kompanie ebenfalls der Begriff „Batterie" eingeführt.)*

Ab 1. Februar 1944 Chef der MKB Marcouf: Oberleutnant zur See Walter Ohmsen.
Foto: Kollektion W. Ohmsen

Am 1. Februar 1944 wurde Oberleutnant zur See Walter Ohmsen der neue Chef auf dem Stützpunkt. Der 32-jährige Familienvater mit drei Töchtern war ein entschlossener, harter und ehrgeiziger Mann mit ausgeprägtem Durchsetzungswillen.

Ohmsen, am 7. Juni 1911 in Elmshorn im norddeutschen Holstein als Sohn eines Mühlenarbeiters geboren, hatte die Mittlere Reife absolviert, die Berufe Maschinenbau und Vermessungstechnik erlernt und war am 1.4.1929 in Stralsund in die deutsche Kriegsmarine eingetreten. Am 1.4.1933 war er zum Matrosengefreiten befördert worden, am 1.9.1934 zum Bootsmannsmaat. Vom 12.2.1934 bis Ende Januar 1944 war er als Zugführer und später als Kompaniechef und Lehrgangsleiter in der Entfernungs-Meß-Ausbildungsinspektion an der Schiffsartillere-Schule III in Saßnitz tätig. Am 1.9.1935 wurde er zum Oberbootsmannsmaat befördert. Der Aufstieg zum Bootsmann erfolgte am 1.11.1936. Seine Seefahrt hatte Walter Ohmsen auf dem Linienschiff „Schleswig Holstein", dem Segelschulschiff „Gorch Fock" und den Ausbildungsschiffen „Carl Zeiss" und dem Torpedoboot „T 153" sowie auf dem Kreuzer „Königsberg" absolviert. Am 1.7.1940 erfolgte Ohmsens Beförderung zum Oberstabsbootsmann, am 20.4.1941 die Verleihung des Kriegsverdienstkreuzes II.

Das Schloß von Fontenay, in dem Oberleutnant Walter Ohmsen einquartiert war.
Foto: Kollektion B. Jaunet

Klasse mit Schwertern. Während seiner Zeit in der Schiffsartillerie-Schule war Ohmsen infolge seiner besonderen Leistungen am 29.9.1941 zum Kriegsoffiziersanwärter (Marine-Artillerie-Laufbahn) ernannt worden. Am 1.1.1942 hatte er sein Offizierspatent erlangt, am 1.7.1942 war er zum Oberleutnant zur See befördert worden.

Nun unterstanden Walter Ohmsen, der sich im Schloß von Fontenay einquartiert hatte, auf dem Stützpunkt der MKB zwei weitere Offiziere, 24 Unteroffiziere und 287 Mannschaften – zusammengestellt aus vielen verschiedenen Einheiten; viele Soldaten waren bereits über 38 Jahre alt, das Durchschnittsalter betrug 32 Jahre. Auch Angehörige eines Ost-Bataillons gehörten zur Stützpunktbesatzung. Ohmsen ließ sofort nach Übernahme des Kommandos seine Männer an den gleichzeitig mehreren Baustellen auf dem inzwischen

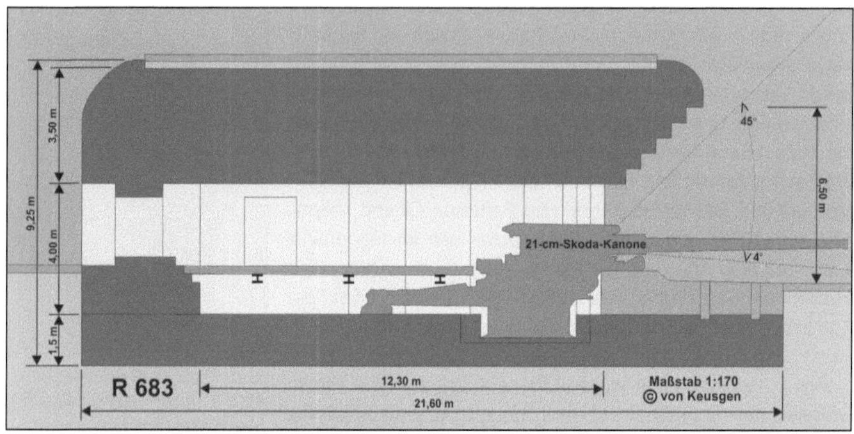

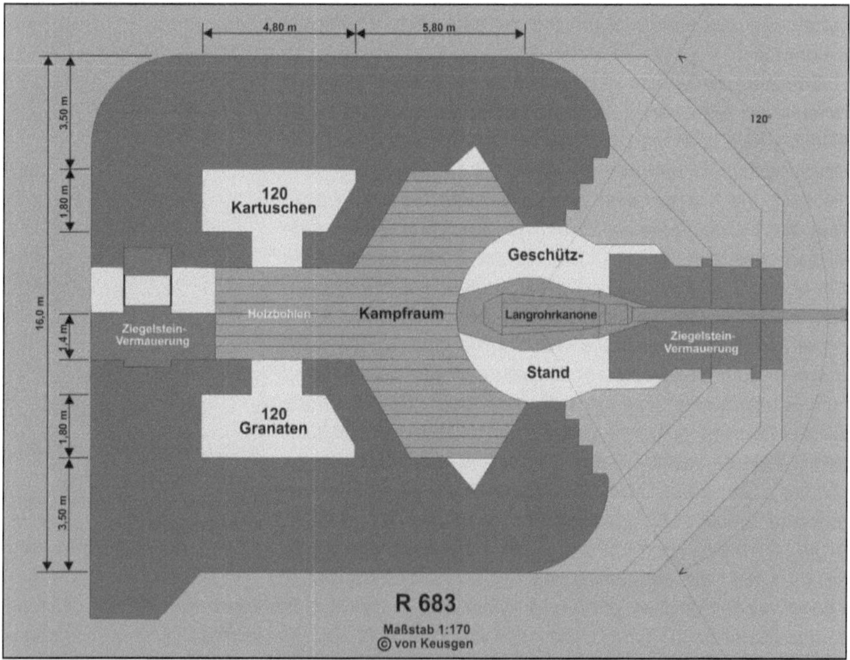

Grundriß- und Querschnittplan einer MKB-Kasematte des Regelbau-Typs 683.
Für den Bau waren 2.100 m³ Erdaushub, 2.000 m³ Beton, 100 Tonnen Rund- und 22,6 Tonnen Formstahl erforderlich. Der rückwärtige Eingang und die vordere Scharten-Einfahrtsöffnung wurden erst nach der Installation der Kanone durch Mauerwerk (rot) verkleinert. Insgesamt wurden drei dieser Kasematten gebaut – zwei davon bei Crisbecq.

noch erheblich größeren Areal als jenem der HKB Azeville arbeiten. Da der Stützpunkt bisher immer noch kein eigenes Entfernungsmeßgerät besaß, fertigte Ohmsen als eine seiner ersten Handlungen, zusammen mit einigen technisch versierten Helfern, ein äußerst präzises Telemetriegerät an.

Bild unten: Der Küchenwagen auf dem Digeon-Anwesen La Barberie in Saint Marcouf.
Foto: Kollektion H. Kattnig

Für die durch Luftaufklärung und Agentenberichte gut informierten Planer der Invasion entstand im Lauf der Zeit auf dem Terrain der MKB Marcouf ein sehr ernst zu nehmendes Problem, denn gleichzeitig wurde in Großbritannien und vom obersten Führungsstab der Alliierten *(Combined Operations Strategic Allied Command)* einer der beiden amerikanischen Landeabschnitte genau im Feuerbereich der täglich wachsenden Batterie geplant – sein Deckname war „Utah". Fast täglich überflog ein Aufklärungsflugzeug das Batteriegelände, um aus großer Höhe Fotos vom Entstehen des Stützpunktes aufzunehmen – und gearbeitet wurde an den vielen Baustellen auf dem großflächigen Areal schnell.

Inzwischen war auch ein französisches 15-cm-Leuchtprojektilgeschütz des Typs K 420 in einer provisorischen Stellung im südöstlichen Teil der Anlage aufgestellt worden. Es konnte Leuchtmittel verschießen, die dann, an einem Fallschirm herabschwebend, ein sehr großes Gebiet grell erhellten. Mit dem Bau einer eigens dafür bestimmten Kasematte des Typs M 272 war gerade begonnen worden. Unweit des 15-cm-Geschützes wurde noch ein weiterer großer Suchscheinwerfer aufgestellt.

Zu Beginn des Monats April 1944 war die erste große Kasematte des Regelbaus 683 und in Baustärke "a" im nordöstlichen Stützpunktbereich fertiggestellt. *(Bei Baustärke "a" handelte es sich gegenüber der sonst üblichen Standard-Stärke "b" mit 2,5 Metern um Wand- und Deckenstärken von 3,5 Metern, die selbst schweren Bomben und Granaten großkalibriger Schiffsgeschütze standhielten. Auch hatten die Kasematten der Marine im Gegensatz zum Heer deutlich größere Munitionsräume und eine unterirdische Verankerung durch sogenannte „Kragen". Diese Betonvorbauten verhinderten bei Nahtreffern schwerer Granaten ein Verkanten der Geschützbunker.)* Von den Munitionsbunkern aus wurden in den in direkter Linie verlaufenden 1,8 Meter breiten und mehr als zwei Meter tiefen Verbindungsgräben Gleise für kleine Feldbahnen verlegt. Auf speziellen Wagen konnten dann die 135 Kilo wiegenden 21-cm-Granaten zu den Geschützen transportiert werden.

Die erste von vier mächtigen, ballistisch hervorragenden 21-cm-Langrohrkanonen, die seit einiger Zeit gut getarnt auf dem nicht weit entfernten Anwesen des Schlosses von Courcy und nahe Fontenay standen, wurde nun in drei Teilen und auf drei speziellen Transportfahrzeugen mit einem Gewicht von jeweils annähernd 20 Tonnen herantransportiert und in dem Geschützbunker installiert. Es handelte sich dabei um tschechische, im Skoda-Werk in Pilsen gefertigte Kanonen des Typs K 39/41 mit einer Rohrlänge von 11,46 Metern. Diese großen Marine-Geschütze verfügten weder über Räder noch über Rollen und mußten mit großem Arbeitsaufwand fest installiert werden. Ihre maximale Reichweite betrug 33 Kilometer, die wirksamste lag bei 22 Kilometern. Der Seitenrichtbereich des Geschützes betrug in der fünf Meter breiten Scharte 120 Grad. Nun konnten von hier aus Seeziele in der gesamten, 26 Kilometer breiten Vire-Bucht erreicht werden.

Bereits am 19. April, an einem Mittwoch, wurde die große Kanone eingeschossen. Der Donner grollte weit über das flache Land – jedoch erreichte das Geschoß nicht das Meer. Der Schuß war viel zu tief angesetzt, und die erste schwere Granate schlug mit lautem Krachen direkt vor der nur 2.560 Meter von der MKB entfernten Küstenstraße und sehr

Bild oben: Unmittelbar nach ihrer Fertigstellung wurden die großen, weithin auffälligen Geschützbunker der MKB (hier Kasematte Nr. 1) mit Netzen und Schilfrohrmatten zur Tarnung vor feindlichen Aufklärungsflugzeugen und Bombern verhängt. Die Außenwände der Bunker waren außerdem mit tiefen Gravuren versehen, um ihnen so die typische, glatte Betonoberfläche zu nehmen.

Bild rechts: Ein Wachtposten vor der zur Tarnung verhängten Scharte der Kasematte Nr. 1 – immer in Alarmbereitschaft.

Fotos: ecpa>d

Bild oben: Die bereits durch Luftangriffe zerstörte Stellung des 2-cm-Fliegerabwehr-MGs auf dem speziellen Anbau am Beobachtungsbunker der MKB Marcouf mit dem jungen Bedienungspersonal. Im Hintergrund (links) die Bürobaracke des Batteriechefs (Pfeil), davor der großflächige Lagerplatz für Baumaterialien (Blickrichtung Azeville).

Bild links: Das 9,53 Meter lange Rohr der 21-cm-Kanone war auf das 2.800 Meter entfernt gelegene Meer gerichtet.
Fotos: ecpa>d

nahe der Kirche der kleinen Ortschaft Les Gougins ein. Die Explosion forderte zum Glück keine Opfer unter den dort lebenden Personen, doch wurden etliche Häuser von den umherfliegenden Granatsplittern und der Druckwelle erheblich in Mitleidenschaft gezogen.

Doch dieser erste Abschuß einer 21-cm-Granate hatte noch eine weitere, viel folgenschwerere Konsequenz: Noch in der folgenden Nacht vom 19. zum 20. April kam von England die erste Bomberflotte über den Kanal geflogen, um die Anlage der Marine-Küsten-Batterie zu zerschlagen. Um 3:00 Uhr in der Nacht waren sie plötzlich da, und ein infernales Bombardement ließ ihre Bunker erbeben. Das Areal der MKB wurde geradezu umgegraben, dennoch blieben die Schäden gering – die 21-cm-Langrohrkanone hatte den Angriff völlig unbeschadet überstanden.

In den nächsten Tagen versuchte Batteriechef Ohmsen wieder Ordnung in das entstandene Chaos auf seinem Batteriegelände bringen zu lassen. Lediglich einige Nahverteidigungsanlagen waren beschädigt worden und die Telefonkabel zwischen dem Feuerleitstand und einigen Bunkern unterbrochen, aber das Terrain des Stützpunktes und das nahe Umfeld waren in ein Meer von Kratern verwandelt worden. Ohmsen ließ auch umgehend von

Auf den sechs Meter hohen alten Natursteinmauern einer ehemaligen Kamin- und Ofen-Fabrikationsstätte wurde im südlichen Stützpunktbereich von deutschen Soldaten ein acht Meter hoher Holzturm errichtet, der bis zum Bau des MKB-Beobachtungsbunkers als Observationsstelle diente – dann wurde in ihm eine 2-cm-Flak installiert.
Foto: Kollektion Dr. H. Treiber

Der noch im Bau befindliche, bereits monierte Bunker für die 15-cm-(Leucht-)Kanone kurz bevor er seine Holzverschalungen für den Betonguß erhalten sollte – doch dazu kam es nicht mehr. **Foto: US National Archives**

seinen Artilleristen auf der leicht abschüssigen Wiese und 30 Meter vor der Kasematte mit ihrem gefährlichen Langrohrgeschütz einen mehrere Meter hohen Erdhügel aufschütten. Somit wurde der Richtkanonier gezwungen, das Geschütz zukünftig höher einzustellen und folglich zu vermeiden, daß die Granaten nochmals vor dem Meer einschlagen konnten.

Noch während der Aufräum- und Instandsetzungsarbeiten auf dem Stützpunkt erfolgte bereits am 26. April der nächste Bombenangriff. Von nun an ließen die Alliierten das ständig wachsende und für ein maritimes Landeunternehmen immer gefährlicher werdende Areal der MKB Marcouf und auch der HKB Azeville gezielt bombardieren und die Stützpunktbesatzungen nicht mehr zur Ruhe kommen. Fast täglich überflogen ihre Bomberpulks das Gebiet und zerstörten wieder, was gerade erst repariert worden war, um den weiteren Ausbau der Batterien zu verhindern – zumindest aber deutlich zu verzögern.

In St. Marcouf und Crisbecq waren etliche deutsche Soldaten einquartiert worden und störten dadurch erheblich

das Familienleben der Einheimischen. Überhaupt lebte die Bevölkerung von Crisbecq, St. Marcouf und Azeville mit der ständigen Angst, als Opfer der andauernden Bombenangriffe unter ihren Häusern begraben zu werden. Zur Sicherheit ließen die Deutschen einen großen Teil der Einwohner aus den der Batterie nahen Orten in die knapp drei Kilometer entfernte und direkt an der Küstenstraße befindliche kleine Siedlung Les Gougins evakuieren. Rever Xavier, der 1944 15-jährige Bauernsohn aus Crisbecq, sagte später über die Zwangseinquartierungen und Evakuierungen: „Auf unserem Anwesen waren zehn deutsche Soldaten einquartiert. Sie waren alle sehr freundlich und korrekt. Dann haben sie uns geraten, das es besser wäre, unser Grundstück zu verlassen, denn es sei bald mit einer Invasion zu rechnen. Am 15. Mai ließen auch wir uns evakuieren."

Ab Mai 1944 verfügte der Stützpunkt dann über insgesamt drei 21-cm-Langrohrgeschütze, von denen bereits zwei verbunkert waren und eines hinter der Kasematte Nr. 1 auf einer der Betonplattformen in Stellung gebracht war – vom Meer aus kaum einsehbar. In den Geschützbunkern war aber lediglich für 50 Granaten Platz *(und jedem Geschütz standen nur 50 panzerbrechende Granaten sowie 200 Schrapnells zur Verfügung)*. Das 15-cm-*(Leucht-)*Geschütz war bei einem der Bombenangriffe beschädigt worden und befand sich ab Ende Mai in einem Arsenal bei Cherbourg zur Reparatur. Einsatzbereit waren noch sechs 7,5-cm-Fliegerabwehrgeschütze *(veraltete französische Feldkanonen mit maximal 3.000 Schuß pro Rohr und fehlerhafter Munition)*, eine 2-cm-Vierlingsflak sowie vier 2-cm-Flaks auf Drehlafetten *(zwei in betonierten Stellungen, eine auf dem Dach eines turmähnlichen Gebäudes des benachbarten Hofes Pierreville und eine zwischen den Parkbäumen des Schlosses der Briards in St. Marcouf)*. Am Strand waren noch zwei große Scheinwerfer aufgestellt worden, die bei den überwiegend nächtlichen Luftangriffen die Flugzeuge anleuchten und somit der Flak ein sichtbares Ziel bieten konnten. Weiterhin war der Stützpunkt mit acht betonierten MG-Ständen für leichte MGs und sieben Maschinengewehre in offenen Feldstellungen bestückt. Auch befand sich eine weitere R-683-Kasematte für ein viertes 21-cm-Langrohrgeschütz im Bau *(das Betonfundament war bereits gegossen und der Oberbau fertig moniert und bereits komplett verschalt worden)*. Mit den Vorarbeiten zu einer vierten Kasematte hatte man gerade erst begonnen. *Die vier 15,5-cm-Kanonen, die man zuerst auf dem Stützpunkt stationiert hatte, waren im Lauf der Zeit zur benachbarten Heeres-Batterie bei Fontenay transportiert worden. Fast die gesamte Anlage der MKB war von Tarnnetzen und Schilfrohrmatten verhängt. Ohmsens Batteriegefechtsstand war über Funk und durch ein gepanzertes und zwei Meter tief in der Erde verlegtes Telefonkabel mit Oberst Triepels Gefechtsstand und darüber hinaus mit dem Seekommandanten in Cherbourg verbunden.* Die Telefonkabel, die auf dem Stützpunkt einzelne Gefechtspositionen und Unterstände miteinander verbanden, ließ Ohmsen in schmalen, einen Meter tiefen Gräben verlegen. Diese Gräben ließ er nicht zuschütten. So konnten die Fernmelder im Fall eines Schadens diesen schneller finden und die Leitung leichter reparieren.

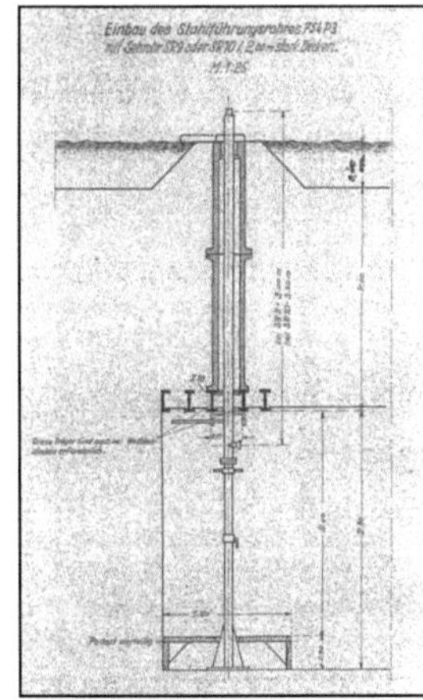

Montageplan für die Sehrohre, die in den unterirdischen Unterständen zur Beobachtung des darüber befindlichen Terrains eingebaut wurden.
Abbildung: Archiv von Keusgen

Als Feldmarschall Rommel Anfang Mai 1944 den Stützpunkt inspizierte, zeigte er sich von der Macht der Anlage sehr beeindruckt. Dennoch, seit einigen Wochen war infolge der Zerstörungen von Versorgungswegen durch die Bomber der Alliierten der Nachschub an notwendigem Zement und weiterer Munition ausgeblieben.

Fast täglich wurden im Mai 1944 auch die beiden Stützpunkte der HKB Azeville und der MKB Marcouf von Großbritannien aus mit Bomberpulks angegriffen – und fast täglich wurden die Bombardements präziser und stärker. Nun erwiesen sich viele Fliegerabwehrwaffen als fast wirkungslos, da ihre Reichweite kaum genügte, die immer höher fliegenden Bomber vernichtend zu treffen. Da aber immer noch mit vollem Einsatz aller verfügbaren Kräfte am weiteren Ausbau der MKB Marcouf gearbeitet wurde, nahm auch die Gefährdung des Personals durch die ständig heftiger werdenden Luftangriffe zu. Wenn plötzlich von See her das Dröhnen herannahender Bomber zu hören war, wurde sofort Fliegeralarm ausgelöst.

Ein Soldat beim Verlassen des völlig verhängten Laufgrabens. Wegen der häufigen gegnerischen Luftaufklärung und der Bombenangriffe wurde das gesamte Terrain sowie die Kasematten im Lauf der Zeit völlig von Tarnnetzen und Schilfmatten abgedeckt.

Foto: ecpa>d

Als dann auf den Stützpunkten die mittels Handkurbeln angetriebenen transportablen Sirenen zu heulen begannen, ließ jeder seine Arbeit fallen und brachte sich so schnell wie möglich in Sicherheit. Die Franzosen, die außerhalb des Areals der MKB arbeiteten, liefen so weit von der Anlage fort, wie es ihnen noch möglich war, bis die Bomber ankamen. Die Soldaten und Bauarbeiter sprangen in die tiefen Laufgräben und rannten zu den Unterständen. In den fertigen, halb unterirdischen Bunkern, die man mit großflächigen Tarnnetzen überspannt hatte, drängten sich dann die Bauarbeiter der Organisation Todt und die Soldaten des Stützpunktes, um vor den Bomben Schutz zu suchen. Da die Kasematten und Unterstände ohnehin nicht ausreichten, sämtliche Soldaten und OT-Bauarbeiter im Alarmfall aufzunehmen, sah sich Oberleutnant Ohmsen gezwungen, den Kriegsgefangenen von der Ostfront, den Zwangsarbeitern und den Soldaten der Ost-Bataillone das Betreten dieser schützenden Bunker während der Bombenangriffe zu verbieten. So suchten diese Menschen ängstlich Deckung vor den heulend und pfeifend herabfallenden Bomben in kleinen Nischen außerhalb der Kasematten oder kauerten sich vor die schweren Stahltüren der Unterstände, hinter denen die Deutschen in Sicherheit waren und sich dicht an dicht drängten. Dann brach für vier bis fünf Minuten ein Inferno über die beiden Küstenbatterien herein. Besonders die MKB Marcouf wurde schwer bombardiert. Bomben stärkster Sprengkraft ließen mit ohrenbetäubenden Explosionen das weiträumige Areal erzittern und wieder und wieder Fontänen aus dunkler Erde und hellem Kalkstein hoch aufsteigen. Dazwischen hämmerten die sechs 7,5-cm-Fla-Geschütze und die schweren 2-cm-Fla-MGs. Staub und Qualm hüllten das Gelände in einen dichten, in den Augen und der Lunge beißenden Nebel. Stahlsplitter fetzten durch diesen Dunst, und hoch in die Luft gesprengte Steine prasselten wieder herab.

Wenn das Dröhnen der abdrehenden Bomber dann langsam verebbte, erfüllte das Seufzen und Stöhnen der verwundeten Soldaten, Kriegsgefangenen und Zwangsarbeiter das Gelände der Marine-Küsten-Batterie. Den Mannschaften, die nach den Luftangriffen wieder die Bunker verließen, bot sich häufig ein schrecklicher Anblick. Blutende Verwundete krochen in den verwüsteten Laufgräben und unter herabgerissenen Tarnnetzen herum und riefen nach Sanitätern. Schwerverwundete lagen mit zerfetzen oder abgerissenen Armen und Beinen zwischen Massen des von den Druckwellen der Explosionen umhergeschleuderten Baumaterials, zerstörten Feldbahn-Loren und zersplitterten Balken und Brettern. Die Sanitäter hatten sich aber befehlsgemäß zuerst einmal um die auf ihren Bereitschaftsposten und an ihren Waffen während des Angriffs verwundeten deutschen Soldaten zu kümmern.

Da nach den täglichen Luftangriffen jedes Mal in der immer wieder neu aufgerissenen Kraterlandschaft sehr viel Zeit für Aufräumarbeiten aufgewendet werden mußte und somit die Bauarbeiten immer langsamer vorangingen, ordnete Oberleutnant Ohmsen an, die Leichen und Leichenteile der Kriegsgefangenen und Zwangsarbeiter häufig mehrere Tage lang liegen zu lassen oder lediglich zu einer Sammelstelle zu tragen. Für Beisetzungen fehlte die

Zeit. Nur in Abständen von mehreren Tagen wurden diese Gefallenen ohne jedes Zeremoniell und ohne Särge in einem Massengrab am südlichen Rand des Stützpunktes beerdigt.

Ohmsen, der sich als Verantwortlicher eines der größten und wichtigsten Stützpunkte in der Planung und Ausführung seines Dienstes gezwungen sah, Prioritäten zu setzen, erlangte schon bald nicht nur bei seinen Soldaten den Ruf, hartherzig zu sein. Auch bei der französischen Bevölkerung, der gegenüber sich Ohmsen distanziert und streng verhielt, war der Oberleutnant nicht beliebt. Die französischen Arbeiter hatten außerdem beobachtet, daß Ohmsen bei Fliegeralarm die Kriegsgefangenen und Zwangsarbeiter nicht in die Bunker ließ. Die täglichen Bombenangriffe, die eigentlich den schweren Küsten-Batterien galten *(besonders der MKB Marcouf)*, jedoch immer wieder auch die Privatgelände und Häuser der Franzosen trafen, trugen zusätzlich noch zu einer unfreundlicheren Haltung bei, denn auch unter der Bevölkerung waren bereits einige Opfer und nicht unerhebliche Sachbeschädigungen zu beklagen.

Was nach den fast täglichen Bombenangriffen in der Wüste aus Trümmern und Steinen auf dem Gelände der MKB Marcouf noch zu gebrauchen war, wurde immer wieder mühsam zusammengesucht. Ein Ost-Soldat vor der Kasematte Nr. 2 klopfte mit dem Hammer Mörtelreste von Ziegelsteinen, um sie wieder vermauern zu können. Die Kasematte Nr. 1 (im Hintergrund) war mittels breiter Schilfmatten völlig zugehängt.

Seit Ende Juli 1940 waren auf dem Anwesen Gourmont und dem ebenfalls dazu gehörenden großen Gutshof La Barberie der Familie Digeon am südöstlichen Ortsrand von St. Marcouf deutsche Soldaten einquartiert. Im Laufe der Zeit hatten die Einheiten mehrmals gewechselt.

Zu Beginn des Jahres 1944 hielten sich auf den beiden Anwesen mehr als vierzig deutsche Soldaten auf, Männer der HKB Azeville und der inzwischen bei St. Marcouf stationierten 6. Kompanie des Grenadier-Regiments 919 unter Führung des Oberleutnants Joachim Geissler. Auch 40 zu der bespannten HKB gehörende Pferde waren in den Stallungen von Gourmont eingestellt, das nun die Protzen-Stellung bildete.

Marguerite Digeon erinnerte sich: „Einer der Soldaten *(der 6. Kompanie)* war ein protestantischer Pfarrer, der sich sehr gut mit den Franzosen verstanden hat; er sprach auch unsere Sprache. Ein Stabsarzt war ebenfalls auf unserem Anwesen einquartiert, weil man hier eine Sanitätsstation eingerichtet hatte. Für die Versorgung der Pferde gab es einen Schmied,

Der verhängte Ausstieg zum Unterstand R 501 (im Vordergrund links, Vergleich siehe Seite 58) und die Rückseite der Kasematte Nr. 1 **Fotos: ecpa>d**

Madame Marguerite Digeon 1940; Eigentümerin der drei großen Anwesen Gourmont, La Barberie und Cussy.

Eins von mehreren Charrettes der Madame Digeon auf ihrem Anwesen Cussy. Mit diesen Wagen transportierte sie Lebensmittel zum MKB-Stützpunkt.

Fotos: Kollektion Y. Digeon

der sich auch als Tierarzt betätigte. Und dann war da noch ein Geiger, der vor dem Krieg in einem großen deutschen Orchester gespielt hatte. Oft spielte er für mich…"

Madame Digeon belieferte gelegentlich die MKB mit Naturalien von ihren großen Anwesen. Sie wurde dafür gut bezahlt. Häufig fuhr sie mit ihrem zweirädrigen Charrette zum Stützpunkt. Jedes Mal mußte sie sich zuerst beim Batteriechef melden. So ging sie zu der großen Baracke, die in der Bodenvertiefung nahe der B-Stelle stand, und klopfte an die Tür. Von innen ertönte eine tiefe Stimme: „Ja!"

Madame betrat den großen Raum. In ihm befanden sich Oberleutnant Ohmsen und sein Adjutant, der bis eben auf einem Feldbett geschlafen hatte. Da Ohmsen der französischen Sprache nicht mächtig war, trat der andere Oberleutnant zu Madame Digeon. Sie erklärte ihm, daß sie die bestellten Lebensmittel liefern würde. Der Oberleutnant betrachtete die attraktive 35-jährige Marguerite Digeon einen Moment lang, dann bot er ihr etwas zu trinken an. Doch sie lehnte dankend ab: „Merci, Monsieur."

Der Offizier reagierte schroff und sagte in fließendem Französisch, jedoch mit starkem Akzent: „Sagen Sie nicht Monsieur zu mir, sondern *mein Kommandant!*"

Als Madame Digeon an einem anderen Tag wieder einmal nach ihrer Anmeldung aus der Baracke des Batteriechefs kam, standen draußen einige Soldaten, die auf sie warteten. Sie waren fälschlich der Meinung, Marguerite Digeon gehöre zu jenen Französinnen, die gelegentlich den Stützpunkt und die Soldaten besuchten…

Madame Digeon erklärte dazu: „Französische Männer und Frauen, die mit den Deutschen kollaborierten oder sich mit ihnen einließen, waren bei meinen Landsleuten nicht beliebt." *(Handel treiben oder Einquartierungen waren davon ausgenommen.)*

Wenige Tage vor Weihnachten 1943 kam eines Abends ein deutscher Soldat polnischer Abstammung auf das Digeon-Anwesen La Barberie, um wieder Milch zu kaufen. Seit einigen Minuten war sehr starker Sturm aufgekommen und gerade als er mit seiner Milchkanne den Gutshof wieder verlassen wollte, stürzte ein großer, alter Baum um und erschlug den Polen.

Kurz nach diesem Unfall erschienen einige deutsche Soldaten und ein Offizier, um sich zu erkundigen, was geschehen war. Dann trugen sie den Toten zu einem kleinen, leerstehenden Haus des Anwesens und bahrten ihn dort auf. Madame Digeon erzählte weiter: „Die Deutschen veranstalteten eine regelrechte Zeremonie für den polnischen Kameraden und bedeckten seinen Leichnam über und über mit Blumen. Die Familie des Toten wurde erst *nach* dem Weihnachtsfest benachrichtigt, um den Angehörigen zu den Feiertagen keinen Kummer zu bereiten.

Ich konnte viel Menschlichkeit bei den Deutschen beobachten und habe eine gute Erinnerung an sie. Sie waren sehr, sehr korrekt."

Der 17-jährige René Milet war der Sohn des Bürgermeisters von St. Marcouf und ebenfalls zur Arbeit im Außenbereich der Marine-Küsten-Batterie herangezogen worden. Er mußte, wie alle jungen Männer der Umgebung, helfen, die Baumstämme als Maßnahme zur Abwehr von Luftlandeunternehmen aufzustellen. Auf dem flachen, für Luftlandeunternehmen geeigneten Terrain nordwestlich des Stützpunktes wurden viele dieser Hindernisse errichtet. Zu diesem Zweck verwendete man die Stämme Hunderter im weiten Umfeld der MKB und der HKB gefällter Bäume. Die mehr als vier Meter langen Stämme mußten mühsam und zwei Meter tief in den steinigen Boden eingegraben werden.

Der junge Milet hatte aber noch eine andere, sehr wichtige Aufgabe zu verrichten: Er war einer der wenigen Franzosen aus der Umgebung, denen es erlaubt war, den Stützpunkt der MKB zu betreten. Jeden Morgen wurde er zur selben Zeit von einem bewaffneten Wachtposten bis zum Eingang zu Ohmsens Büro begleitet. In der dürftig eingerichteten Baracke standen ein Schreibtisch mit einem Telefon, ein Tisch mit drei Stühlen und zwei Feldbetten. An der Rückwand des Raumes war eine große Landkarte von der Umgebung und mit einem Teil des Meeres angebracht, auf der Ohmsen viele Eintragungen vermerkt und Positionen verzeichnet hatte – auch die Zielgebiete seiner mächtigen 21-cm-Langrohrkanonen. Der Oberleutnant ließ Milet dann von einem anderen Offizier einen großformatigen, verschlossenen Briefumschlag aushändigen. Dieser Umschlag enthielt immer neue, von Ohmsen abgefaßte und von einem seiner Offiziere in die französische Sprache übersetzte Instruktionen, die der junge Milet seinem Vater überbringen mußte. Der Bürgermeister hatte diese Anordnungen strikt zu befolgen. Eine seiner Aufgaben bestand darin, täglich die vornehmlich jungen männlichen Mitglieder seiner Gemeinde für die Arbeiten beim MKB-Stützpunkt einzuteilen.

Baumstämme für Luftlandehindernisse – von den Soldaten spöttisch als "Rommelspargel" bezeichnet.

Kameradschaftsabend der Soldaten der MKB Marcouf auf dem Digeon-Anwesen La Barberie – Ausgleich zum Streß durch die ständigen Bombardements. **Fotos: cpa>d**

Eines morgens, als René Milet wieder zur Anlage der MKB ging, bemerkte er bereits von weitem einen schrecklichen Geruch, der über der ganzen Gegend lastete und zunahm, je näher man dem Stützpunkt kam. Da es dem jungen Milet als einzigem Franzosen erlaubt war, sich nach dem Empfang des obligatorischen Briefumschlags auf dem Batteriegelände einigermaßen frei zu bewegen, ging er noch einen Moment in dem ständig von Bomben verwüsteten Areal umher. Schnell erkannte er die Ursache des höchst unangenehmen Geruchs: Etliche Leichen der Kriegsgefangenen und Zwangsarbeiter lagen unbeerdigt in der warmen Frühlingssonne, einige noch halb verschüttet von den beim letzten Bombenangriff umhergeschleuderten Trümmern. Am Rand einiger Bombenkrater ragten Arme und Beine aus dem Erdreich.

„An manchen warmen Tagen hatte der starke Leichengeruch die ganze Gegend geradezu verpestet", berichtete René Milet.

Diese inhumanen Zustände hatten auch Madame Marguerite Digeon und ihre damals 14-jährige Tochter Yvette, die ihre Mutter oft begleitete, beobachtet. Madame Digeon sagte dazu: „Es war grauenhaft. Manchmal lagen die Toten viele Tage lang überall herum und man mußte über sie hinwegsteigen. Sie waren völlig von Fliegen bedeckt – ganz schwarz."

Die ständigen Verwüstungen und Zerstörungen, die von den täglichen Bombardierungen immer wieder angerichtet wurden, wirkten auf die Stützpunktbesatzung einerseits zwar entmutigend und deprimierend, doch provozierten sie auch einen gewissen Trotz. Jeden Morgen begannen die Soldaten von Neuem, wieder die am Tag zuvor zerrissenen Stacheldraht-

Blick in Richtung Meer vom HKB-Beobachtungsbunker. Durch Bomben mit stärkster Sprengkraft wurden immer wieder schwere Verwüstungen angerichtet. Nicht selten betrugen die Durchmesser der in den kalksteinhaltigen Boden gesprengten Krater bis zu zwanzig Meter. Auch zerstörten die Bomben die gegen Luftlandeunternehmen angelegten Hindernis-Felder.
Foto: Kollektion Dr. H. Treiber

Aufräum- und Reparaturarbeiten hinter der Kasematte Nr. 1 nach einem Bombenangriff.
Foto: ecpa>d

verhaue instand zu setzen, Bombenkrater zuzuschaufeln und Reparaturarbeiten an Bunkern, Unterständen und Waffen vorzunehmen. Dennoch bauten sie die Anlage weiterhin aus. Auch die erst vor kurzem gegen feindliche Luftlandeunternehmen eingegrabenen Baumstämme, von denen über zwei Meter aus der Erde ragten, waren von den Bombardierungen stark beschädigt, teilweise gänzlich abgerissen. Ihre Reste mußten jeden Tag mühsam aus dem steinigen Boden wieder ausgegraben und gegen neue ausgetauscht werden.

Im Mai 1944 waren täglich oft mehr als fünfhundert Mann auf der Großbaustelle der MKB tätig – die Stützpunktsoldaten, die OT-Bauarbeiter, die Kriegsgefangenen aus dem Osten, Zwangsarbeiter und französische Hilfskräfte. Das große Areal war weiträumig von mehreren Reihen Stacheldraht eingezäunt und die Eingänge verbarrikadiert. Minenfelder

gab es keine. Dennoch war vieles auf der Anlage noch völlig
unzulänglich und der Stützpunkt zu Beginn des Monats Juni
noch längst nicht fertig ausgebaut. Die 3. und 4. Kasematte für
21-cm-Kanonen waren noch nicht fertig und eines der Lang-
rohrgeschütze lagerte immer noch gut versteckt beim Schloß
Courcy. Auch die Stahlblenden für die Scharten der Kasematten, die so breit wie Scheunentore waren, fehlten immer
noch. So waren die Kanonen und ihr Bedienungspersonal vor
dem Flachfeuer gegnerischer Schiffskanonen nicht geschützt
und blieben leicht verwundbar. Die drehbaren Panzertürme,
weitere Munition und ein modernes Funkmeß-*(Radar)* und
Feuerleitgerät gehörten zu jenen vielen wichtigen Dingen,
auf die man ebenfalls noch wartete. Man hoffte, daß alles das
doch noch irgendwie zu beschaffen und zu bewerkstelligen
war, bevor eine Invasion stattfinden würde – schließlich
wurde so einiges gemunkelt... Aber wie ernst dieses Gerede
genommen werden konnte, wußte niemand. Immerhin waren
inzwischen auch 56 Einwohner aus Azeville evakuiert worden, die in direkter Nähe der HKB gewohnt hatten.

*Angst vor Bombenangriffen:
Jacques Féron sitzt auf einem
selbst gegrabenen und mit
Holzbalken verdeckten Unterstand im Garten des Familien-
anwesens.*

Foto: Kollektion J. Féron

Am Abend des 4. Juni saß der 16-jährige Bernard Jaunet
mit seinen Eltern um einen großen Tisch im Wohnzimmer
ihres Hauses im gleichermaßen vier Kilometer von der MBK
Marcouf wie auch von der HKB Azeville entfernten St. Floxel. Man hatte, wie täglich in den
letzten Monaten, von fern her die Bombardements auf die MKB und die HKB vernommen.
Nun war wieder Ruhe eingekehrt. Entgegen des von den Deutschen verhängten Verbotes
besaß die Familie ein Radio – gut versteckt, denn sein Besitz wurde mit Gefängnis geahndet.

„Es lag etwas in der Luft", berichtete Bernard Jaunet, „deshalb hörten wir immer öfter
die verbotenen Sender. Es waren sehr viele Durchsagen im Radio, deren Sinn wir aber
nicht verstanden, weil sie verschlüsselt waren und nur für bestimmte Personen gesendet
wurden."

*Hauptmann Dr. Treiber (2. von
links, halb verdeckt) mit drei seiner Batterieoffiziere und seinem
Fahrer, Unteroffizier Jooß (ganz
links), am Nachmittag des 5.
Juni'44 am Vorstrand nahe
Quiné-ville. (Das Foto wurde
vom 4.Batterieoffizier aufgenommen, dem 3 Tage zuvor
zum Oberleutnant beförderten
Hans Kattnig.)*

Foto: Kollektion H. Kattnig

Diese Personen waren Mitglieder der französischen Widerstandsbewegungen, die ganz besonders aufmerksam diesen verschlüsselten Mitteilungen in den Radiosendungen lauschten.

So wie die Familie Jaunet hörten viele Franzosen heimlich Radio, auch die Familie Féron in Azeville. Die Bürger der kleinen Ortschaft hatten alle ihre Radios im Rathaus abgeben müssen, in dem sie seit einiger Zeit verwahrt wurden. Die Familie Féron indes verbarg ihr Radio im Küchenschrank. Und da schon seit einiger Zeit „etwas in der Luft lag", waren von etlichen Franzosen Sicherheitsmaßnahmen getroffen worden. Man hatte in den Gärten oder auf nahe der Häuser befindlichen Wiesen Löcher ausgehoben, um sich bei einem Bombenangriff vor umherfliegenden Stahlsplittern schützen zu können. Auch waren halb unterirdische Unterstände gegraben und, soweit vorhanden, Keller zu Schutzräumen umgebaut worden. Auf dem Anwesen der Familie Féron hatte man einen Unterstand gegraben und ihn vorsichtshalber noch mit einem hohen Stapel dicker Holzbalken bedeckt.

Zwei Soldaten der MKB Marcouf betrachteten eine ausgeglühte Leuchtbombe, die in einer der Nächte zuvor anläßlich eines Bombenangriffs abgeworfen worden war. (Hinter ihnen eine der inzwischen von den Bauarbeitern verlassenen zwei Holzbaracken – Fenster und Türen waren bereits ausgebaut). **Fotos: ecpa>d**

Am Nachmittag des 5. Juni 1944 mußte Hauptmann Dr. Treiber mit seinen vier Batterie-Offizieren an den Strand nahe Quinéville fahren, da für die Nacht zum 6. Juni für die drei Küsten-Batterien der I. Abteilung des HKAR 1261 ein Seezielschießen auf eine von Scheinwerfern beleuchtete große, schwimmende Scheibe geplant war...

Nächtlicher Überfall

Der 5. Juni war ein grauer, windiger und kühler Montag, nicht besser als die letzten fünf Tage zuvor. Am frühen Vormittag erschien auf dem Anwesen hinter der Kirche von Azeville ein heruntergekommen wirkender, ausgezehrter 18-jähriger Soldat. Er gehörte zur Besatzung der HKB und hatte sich, wie er stockend erzählte, seit dem letzten Bombardement auf die Batterie-Anlage aus Angst in einem Erdloch versteckt. Der Soldat war völlig verstört und litt offenbar an einem Bombentrauma. Er bebte am ganzen Körper. Madame Dorey nahm sich seiner an, holte den jungen Mann ins Haus und forderte ihn auf, sich in ein Bett zu legen. Der Soldat beteuerte, kein Deserteur zu sein – er hatte nur Angst. Madame Dorey bot ihm Milch zu trinken an, doch er zitterte derart stark, daß er nicht in der Lage war, das Glas zu halten.

Zur selben Zeit verrichteten die Mannschaften der HKB und der MKB ihren täglichen Dienst. Während ein Teil der Männer auf den Stützpunkten mit weiteren Schanz- und Bauarbeiten beschäftigt war, versuchte ein anderer Teil, die am Vorabend durch Bombeneinwirkung verursachten Schäden zu beheben. *(In den 46 Tagen vom 19. April 1944, dem Einbau der ersten 21-cm-Kanone, bis zum 4. Juni waren in täglichen Luftangriffen insgesamt 800 Tonnen Bomben allein auf die*

MKB Marcouf geworfen worden. Die Folgen dieser nicht endenden Zerstörung ließen einen völligen Wiederaufbau nicht mehr zu.)

Zum ersten Mal seit etlichen Wochen neigte sich der Tag dem Abend zu, ohne daß der übliche Bomberpulk von See her über die großflächigen Stützpunkte der MKB Marcouf und der HKB Azeville donnerte und seine tödliche Fracht ablud. Die Bedienungsmannschaften, die bereits den ganzen Nachmittag über in Anspannung an den Fliegerabwehrkanonen und schweren Fla-MGs gestanden hatten, atmeten auf, als es endlich Nacht wurde und kein Bombardement mehr zu erwarten war. Sie gingen nach der Wachablösung zurück zu ihren Quartieren, in die nahen Orte Crisbecq, St. Marcouf und Azeville. Niemand von ihnen ahnte, daß sich an diesem Abend in Großbritannien in einem riesigen, nur 160 bis 300 Kilometer entfernten, militärischen Areal eine Bomberflotte bisher größten Umfangs auf einen Angriff auf die deutschen Stützpunkte an der Küste und im nahen Hinterland der Normandie vorbereitete – und ihr sollte die größte Schiffsarmada aller Zeiten folgen. Insgesamt bereiteten sich mehr als 150.000 Soldaten der Alliierten auf den ersten Tag des Angriffs auf die „Festung Europa" vor, noch weitere fast 3 Millionen standen für die Zeit danach bereit...

Inzwischen war es 1:30 Uhr und die Bewölkung der letzten Tage begann stellenweise aufzureißen. Gelegentlich erhellte das fahle Licht des Vollmondes die dunkle normannische Nacht. Am Tag konnte man vom MKB-Stützpunkt bei Crisbecq aus den 2.800 Meter entfernten Strand und die beiden kleinen, der Küste vorgelagerten Inseln von St. Marcouf klar und deutlich sehen, doch die Meeresbrandung war bis zu den großen Bunkern nicht mehr zu hören. Aber ein anderes Geräusch mischte sich seit mehr als zwei Stunden von fern und von Westen her in die nächtliche Ruhe – das leise Dröhnen ständig vom Meer her einfliegender Flugzeuge. Aber das war weit entfernt. Doch plötzlich erschien es den Wachtposten wie das näher kommende Grollen eines heftigen Gewitters, jedoch waren am dunklen Horizont, von woher das Geräusch kam, keine Blitze zu sehen. Das Grollen nahm

101 Lancaster-Bomber warfen in der Nacht zum 6. Juni 1944 in einem 35 Minuten dauernden Angriff 598 Tonnen Bombenlast auf die MKB Marcouf ab – und versehentlich auch auf die benachbarte Ortschaft St. Marcouf.
Foto: US National Archives

Der 24-jährige Soldat Hans Blaschke; seit 1943 Chauffeur des Abteilungskommandeurs Erich Rüttinger und Kraftfahrer einer Zugmaschine für eine 21-cm-Kanone.

zu und wurde zu einem anhaltenden, durchgehenden, rasch näher kommenden Donnern – einem höchst bedrohlichen Donnern. Dann war es wie ein ohrenberäubender Paukenwirbel über dem Batteriegelände.

„Fliegeralarm!"

Von irgendwo hallte der Heulton der handbetriebenen Sirene durch die Nacht, doch ging er unter in dem Orkan, der nun über die Anlage der Marine-Küsten-Batterie hereinbrach. Eine Flut von Transportmaschinen, gefolgt von 101 schweren Lancaster-Bombern rollte wie eine fliegende Riesenwelle über das großflächige Terrain. Aus den ersten Transportflugzeugen ließen die Besatzungsmitglieder große Leuchtmittel an breiten Fallschirmen über dem Areal herabsinken, die alles mit einem gleißenden, unwirklichen Licht erhellten, das den nachfolgenden Bombern die Orientierung erleichtern sollte. Seit 90 Minuten war der 6. Juni angebrochen, jener Tag, den die Alliierten den *D-Day*, den *Tag der Tage* und *Decision-Day* nannten – den *Entscheidungs-Tag...*

Die sechs 7,5-cm-Fla-Kanonen der MKB spien mit grellen Mündungsfeuern und dröhnendem Stakkato ihre Granaten in diese donnernde, tosende Bomberflut. Die Schützen der schweren Fliegerabwehr-MGs hatten ihre Stände verlassen und sich in Sicherheit gebracht. Aus dem von ständigen Explosionsblitzen flackernd erhellten Nachthimmel begann es Bomben zu regnen – 598 Tonnen Bomben.

Die normannische Landschaft am östlichen Rand der Cotentin-Halbinsel bebte unter ihren schweren Schlägen. Der infernale Feuersturm aus grellen Blitzen und betäubenden Detonationen brachte selbst die beiden Tausende Tonnen schweren Geschützbunker zum Erzittern. Den verschreckten Einwohnern der kleinen Ortschaften erschien es, als liefen breite Wellen durch den Erdboden, die das Land in Intervallen hoben und senkten.

In einem Obstgarten nahe der drei Kilometer von Crisbecq gelegenen kleinen Ortschaft Ravenoville lag in einem Zeltlager unter dichten Tarnnetzen die 4. Kompanie des Grenadier-Regiments 919 des Oberleutnants Werner. Seit einigen Tagen hielt sich dort auch Abteilungskommandeur Hauptmann Erich Rüttinger auf. In der Nacht zum 6. Juni sollte eine seiner schweren, motorisierten 21-cm-Batterien einen Stellungswechsel in eine vorbereitete Stellung zwischen Ravenoville und St. Marcouf vollziehen. Rüttingers Fahrer, Hans Blaschke, berichtete: „Ein paar Tage vorher waren viele deutsche Flugzeuge über uns hinweg nach England geflogen. So waren wir in der Nacht zum 6. Juni irritiert, als plötzlich die Flugzeuge kamen. Wir dachten zuerst, es wären wieder deutsche Flieger..."

Im Haus des Bürgermeisters Milet, einem Anwesen bei Dodainville, nahe St. Marcouf, hatte sich die ganze Familie bereits zur Nachtruhe begeben. Auch sie waren, wie viele andere Familien in der Normandie, seit einigen Tagen sehr beunruhigt – etwas Unheimliches, Großes und Bedrohliches schien sich anzubahnen... Die Franzosen, die in der Umgebung der beiden Küsten-Batterien wohnten, rechneten bereits seit längerem mit einem massiven Luftangriff, der dem starken deutschen Sperrriegel in diesem Abschnitt gelten mußte. Doch Genaues wußte niemand. Der Familie Milet war immer die geringe Entfernung von weniger

Ein Gebäude des Anwesens Cussy der Familie Digeon. Es war, wie ein in großer Teil der Häuser in St. Marcouf, durch das Bombardement beschädigt worden – von leichter Beschädigung bis zur völligen Zerstörung.
Foto: Kollektion Y. Digeon

als 1.000 Metern zum MKB-Gelände als sehr gefährlich erschienen – und in dieser Nacht bewahrheiteten sich ihre Befürchtungen. Plötzlich war der Pulk der Bomber auch über der kleinen Ortschaft. Alle Familienmitglieder sprangen aus ihren Betten, liefen die Treppe im Haus hinunter und versammelten sich im Wohnzimmer. Durch das Fenster konnten sie das gespenstische, grellbläuliche Licht der nur langsam aus dem schwarzen Himmel herabsinkenden Leuchtmittel sehen. Ein Teil von ihnen wurde vom Wind auf ihr Dorf zugetrieben.

Einige Piloten der nachfolgenden Bomber sahen die herabschwebenden, gleißend leuchtenden Zielmarkierungen über St. Marcouf und hielten die alten, glatt verputzten Natursteinhäuser mit ihren grauen Außenwänden beim Herannahen für die großen, eckigen Kasematten der HKB Azeville, und ihnen war auch bekannt, daß die Deutschen ihre Bunker als französische Häuser getarnt hatten. So wurde bei dem größten aller Luftangriffe auf die beiden Batteriegelände versehentlich auch die Ortschaft St. Marcouf mit bombardiert. Viele Häuser wurden bei diesem Bombardement völlig zerstört.

Den fünf Angehörigen der Familie Milet blieb kaum Zeit, ihr Haus zu verlassen, um einen kleinen, an das Gebäude angebauten Unterstand zu erreichen, hinter dessen stabiler Eingangstür sich alle zusammendrängten. René Milet berichtete: „Eine Flut von Eisen und Feuer überrollte unseren ganzen Ort. Wir fühlten, wie sich der Boden unter unseren Füßen hob und wieder senkte. Plötzlich rief mein Vater: *Das Haus stürzt zusammen!*

Wichtige Deckenelemente, die unsere beiden Etagen trugen, hatten infolge der schweren Detonationen nachgegeben und alles war zusammengebrochen – auch unser Unterstand."

Zwei Familienmitglieder wurden von den Trümmern eingeklemmt; René Milet konnte sich befreien und rannte in die Nacht, um von irgendwo Hilfe zu holen. Seine Kleidung und große Flächen der Haut seiner Beine waren verbrannt.

Nur etwa 100 Meter von Milets Elternhaus entfernt befand sich ein ländliches Anwesen, in dem 13 Personen wohnten. Aber auch dieses Gebäude war von Bomben getroffen worden und eingestürzt. Niemand hatte überlebt. René Milet sah sich hilflos um. Überall fielen Bomben und herabgerissene Stromleitungen sprühten Funken. Er hörte von allen Seiten die Hilferufe Verletzter. Irgendwann stand er auf einem Bauernhof, der weniger zerstört war, und er wurde sofort aufgenommen.

Nicht weit davon entfernt, auf dem Anwesen Gourmont, hatten sich Madame Digeon und ihre Tochter ebenfalls längst zur Nachtruhe begeben, doch wurde sie auch ihnen unsanft gestört. Zwar erhielt das Haupthaus keinen Bombentreffer, doch erzitterte es immer wieder von den Detonationen in der Nähe herabfallender Bomben.

Madame Yvonne-Marianne Fafin 1944: Sorge in Anbetracht des schweren Bombardements – noch in 13 Kilometern Entfernung.
Foto: Kollektion Y.-M. André (Fafin)

Oberleutnant Hans Kattnig
Foto: Kollektion H. Kattnig

Die damals 14-jährige Tochter Yvette erzählte: „Als das Bombardement begann, dachten wir, jetzt ist unser letzter Augenblick gekommen, jetzt werden wir sterben. Das ganz Haus hat so sehr gezittert, daß unser großer eiserner Herd durch die ganze Küche gewandert ist."

Das Bombardement auf die MKB und St. Marcouf war derart stark, daß es auch noch die Einwohner der 13 Kilometer entfernten Stadt Valognes sehr beunruhigte. Die 28-jährige Madame Yvonne-Marianne Fafin saß dort zusammen mit ihrer Mutter und ihren beiden kleinen, fünf und acht Jahre alten Kindern voller Angst im Haus. Sie erinnerte sich: „Wir konnten das schwere Bombardement von Weitem hören und den rötlichen Schein des Feuers am Himmel sehen. Es sah aus, wie der Glutofen der Hölle."

Als um 1:30 Uhr auf dem Gelände der HKB Azeville Fliegeralarm gegeben wurde, saß Hans Kattnig noch immer im Gefechtsstand in der Kasematte Nr. 2. Erst vor vier Tagen war er zum Oberleutnant befördert worden *(seine schriftliche Ernennung hatte er noch nicht erhalten)*. Da man für Mitternacht ein Seezielschießen geplant hatte, war Kattnig um 23:00 Uhr von seinem Quartier mit seinen beiden Hunden zum Stützpunkt zurückgekommen. Doch wegen der vielen, wenn auch weit entfernten Bombereinflüge ab 22:00 Uhr, hatte man das Übungsschießen kurzfristig abgesagt. Kattnig war nur mit einem Trainingsanzug bekleidet und hatte sich einen Gürtel mit einer Pistole umgeschnallt. Nun eilte er aus dem Bunker und hörte das Donnern des bereits nahen Flugzeugpulks. Er brachte noch schnell seine beiden unruhigen Hunde in den Bunker zurück. Dann überflog eine Flut von Bombern und Transportmaschinen das Batteriegelände und die Fliegerabwehrkanonen feuerten in den Nachthimmel. Einige Bomben fielen, dann wurde eines der Flugzeuge getroffen. Mit heulenden Motoren kam es hinter dem Stützpunkt herunter. Dreihundert Meter raste die Maschine noch dicht über dem Boden dahin, zerstörte hinter dem Anwesen der Familie Dorey mit einer Tragfläche die Hälfte der Kaninchenställe, dann explodierte sie. Überall sanken plötzlich Massen von Fallschirmjägern herab *(die den Auftrag hatten, die HKB Azeville zu eliminieren)*. Kattnig berichtete später: „Der nächtliche Himmel war auf einmal weiß von Fallschirmen…"

Doch von den Fallschirmjägern landete kein einziger innerhalb des Geländes der HKB Azeville.

Von der MKB und St. Marcouf hallte der Donner der schweren Bombardierungen herüber. Grelle Explosionsblitze erhellten zuckend den Nachthimmel über Crisbecq und St. Marcouf. Hauptmann Dr. Treiber berichtete über seine Eindrücke: „Als ob des Teufels Heer, als ob

Tausende von rasenden Teufeln losgelassen worden wären und durch die Luft über uns schwirrten, so hörte sich an, was sich jetzt abspielte. Von der Batterie Marcouf flogen noch über eine Entfernung von zwei Kilometern die Steinblöcke von den zertrümmerten Unterständen herüber. Hunderte von Fallschirmjägern fielen vom nächtlichen Himmel. Wie die Herbstblätter vom Wind zu Boden geblasen werden, so dicht fielen sie rings um uns, am dichtesten in Richtung Ravenoville und den Gefechtsständen meiner Abteilung. Explosionen von der Vire-Mündung her, furchtbare Explosionen, MG-Feuer, Flammenwerfer, Hunderte von Christbäumen *(Leuchtbomben)*, Hunderte von niedrig fliegenden Flugzeugen über und um uns. Unsere beiden Fliegerabwehrgeschütze schossen, was die Rohre aushielten. Jeder meiner Leute war auf seinem Platz."

Hauptmann Dr.Hugo Treiber
Foto: Kollektion Dr. H. Treiber

Um beim Divisionsstab Meldung über den Luftangriff zu machen und sich zu vergewissern, ob es sich bei diesem Angriff um die schon lange erwartete Invasion handelte, versuchte Oberleutnant Kattnig nun, vom Hauptgefechtsstand aus eine telefonische Verbindung zu bekommen. Doch bekam er keinen Anschluß. Auch Hauptmann Dr. Treiber war in den Gefechtsstand getreten. Er war empört darüber, „daß es keine klaren Weisungen von oben gab." Er schrieb später darüber: „Es schwieg die Abteilung, es schwieg die Infanterie, es schwieg das Regiment. Und wie hatten die Berliner und Nordgermanen vorher ihre Mäuler aufgerissen. Wie still sie nun geworden waren in ihrem bombensicheren Zementblock auf der Ginsterhöhe an der Straße Montebourg/ Quinéville..."

Von Crisbecq dröhnten die letzten Explosionen des Bombardements auf die Marine-Batterie bis nach Azeville herüber.

Plötzlich begann an der westlichen Umzäunung des Batteriegeländes eine heftige Schießerei mit den Außenposten. Der Stützpunkt wurde an seiner Flanke von etwa zwanzig aus der Dunkelheit auftauchender amerikanischer Fallschirmjäger angegriffen. Die gut ausgebauten Nahverteidigungsanlagen und die Stützpunktbesatzung hielten jedoch dem Angriff stand. Einige Minuten dauerte das heftige Feuergefecht, dann zogen sich die US-Fallschirmjäger ins Dunkel der Nacht zurück.

In diesem Augenblick erschien Oberleutnant Hansjörg Habel im Gefechtsstand. Habel war der Chef einer anderen, nahe stationierten und in offener Feldstellung liegenden Batterie. Er war, genau wie Kattnig, nur leicht mit einem Trainingsanzug bekleidet, auf dem Kopf den Stahlhelm.

In seiner Begleitung befanden sich noch einige seiner Soldaten, die auf Kattnig und Dr. Treiber äußerst verstört wirkten, sowie ein gefangener amerikanischer Oberleutnant. Habel berichtete, daß die amerikanischen Fallschirmjäger direkt im Zeltlager seiner Batteriebesatzung heruntergekommen waren und fast alle seiner Leute getötet oder schwer verwundet hätten – die bei ihm befindlichen 78 Mann waren der Rest der ursprünglichen Batteriestärke von 148 Soldaten, der sich gerade noch vor der Übermacht der Fallschirmjäger retten konnte. Hauptwachtmeister Louis Schürger, der Oberleutnant Habel in den Gefechtsstand geführt hatte, klopfte auf seine Maschinenpistole und sagte: „Wenn wir nicht wollen, kommt hier keiner 'rein."

*Hauptwachtmeister (Feldwebel-Dienstgrad der „Berittenen")
Louis Schürger, 30-jähriger
Zugführer der HKB Azeville.*
Foto: Kollektion L. Schürger

Der 30-jährige Louis Schürger war Berufssoldat, hatte bereits am Polen-Feldzug teilgenommen, an der Ostfront gekämpft und war mit dem EK II ausgezeichnet worden. Nach Erfrierungen an den Zehen, von denen zwei amputiert werden mußten, hatte man ihn in die Normandie beordert *(eine Maßnahme, die vielen von Erfrierungen betroffenen Soldaten widerfuhr)*. Da sich Schürger als Landwirtssohn gut mit Pferden auskannte, war er der „bespannten" 2. Batterie des HKAR 1261 zugeteilt worden.

Dann wollte der Batteriechef den US-Offizier in seinem Gefechtsstand verhören, doch verweigerte der Fallschirmjäger jede Auskunft, nannte lediglich seinen Namen, seinen Dienstgrad und seine Einheit. Er berief sich auf die entsprechende Konvention und fügte hinzu: „Ein deutscher Offizier würde auch nicht mehr aussagen."

Dr. Treiber respektierte die Haltung des Amerikaners – und ließ ihn im Mannschaftsraum der Kasematte Nr. 1 einsperren.

Auch die HKB Azeville war das Ziel amerikanischer Bomber gewesen, doch hatten sie statt dessen irrtümlich die Ortschaft St. Marcouf bombardiert. Dennoch trafen einige Bomben das Batteriegelände und die angrenzende Ortschaft. Als das Bombardement begann, wollte die Familie Féron sicherheitshalber das Wohnhaus ihres Anwesens verlassen, doch der Großvater weigerte sich. Erst nachdem sein Sohn eindringlich auf ihn eingeredet hatte, verließen alle das Gebäude. Einen Moment später bekam es einen Bombentreffer – direkt in das Bett des Großvaters.

*Suzanne Dorey 1944 im Alter
von acht Jahren (Vergleich
siehe Seite 33).*
Foto: Kollektion S. Poisson (Dorey)

Unsanft wurde auch Madame Dorey in ihrem nicht weit vom Anwesen der Férons entfernten Haus geweckt. Sie hatte bis zum Einsetzen des Bombardements auf ihrem Sofa geschlafen, doch durch das gewaltige Beben der Bombeneinschläge kippte das Sofa mit ihr darauf um.

Suzanne Poisson sagte später: „Bei dem Getöse glaubten die Einwohner, Azeville würde von der Landkarte radiert."

Doch lediglich zwei Häuser des Ortes waren von Bomben getroffen worden – die Schule und das Haus der Familie Féron. Die Männer des Dorfes gingen nach dem Bombenangriff von Haus zu Haus, um nachzusehen, ob jemandem etwas geschehen war und man Hilfe brauchte. Eine Person des Ortes war bei dem Bombenangriff ums Leben gekommen und überall herrschte Konfusion. Auf den angrenzenden Weiden waren die Tiere während des Infernos panisch umhergerannt, und eine Kuh und ein Schaf waren in tiefe Bombenkrater gefallen. Hinter dem Anwesen der Doreys lief ein deutscher Soldat, der dort einquartiert war, mit einer Schublade im Dunkeln herum und versuchte, die Kaninchen, die den Absturz des Bombers auf ihren Stall überlebt hatten, wieder einzufangen.

Inzwischen war die Familie Féron auf dem Weg zur knapp vier Kilometer entfernten Ortschaft Fresville und zu dort wohnenden Freunden unterwegs. Plötzlich tauchte aus der Dunkelheit direkt in ihrer Nähe ein amerikanischer Fallschirmjäger mit einem zur Tarnung geschwärzten Gesicht auf. Er ging auf sie zu, und mit heftigen Gebärden versuchte er, sich den Franzosen verständlich zu machen. Dann sagte er: „Saint-Martin-de-Varreville..." und „...to meet the others..."

Die Férons hatten verstanden, daß der Amerikaner St.-Martin-de-Varreville suchte und dort seine Kameraden treffen wollte – doch war dieser Ort mehr als sieben Kilometer weit entfernt, irgendwo dort hinten in der Nacht...

Ein Fallschirmjäger der 82. Airborne-Division vor dem Absprung über der Cotenti-Halbinsel. (Am Boden bereits Massen gelandeter US-Fallschirmjäger.)
Foto: US National Archives

35 Minuten hatte der Bombenhagel gedauert. Hauptsächlich auf den Stützpunkt der Marine-Küsten-Batterie sowie die benachbarte Ortschaft St. Marcouf waren 800 Bomben mit einem Gesamtgewicht von 598 Tonnen niedergegangen. Dann waren die Flugzeuge verschwunden – zurück blieb ein einziges großes Chaos. Der Stützpunkt war regelrecht umgepflügt worden. Manche Bomben hatten Krater von bis zu zwanzig Metern Durchmesser gesprengt. Die meisten Nahverteidigungsanlagen der MKB waren zerstört und alle sechs 7,5-cm-Fliegerabwehrgeschütze schwer beschädigt, die drei 21-cm-Langrohrgeschütze jedoch wieder unversehrt geblieben.

Um kurz vor 2:00 Uhr erschien in Ohmsens Gefechtsstand ein Melder mit der Nachricht, daß eine Luftmine das von den Deutschen belegte Schloß von Tantenaig, nahe St. Marcouf, völlig zerstört hatte. Viele der Soldaten waren von brennenden Trümmern verschüttet worden. Es hatte Verwundete und sogar Tote gegeben. Ohmsen schickte sofort einige Männer mit Hacken und Schaufeln zum Schloß. Oberleutnant Krieg führte den Trupp an.

Ohmsen vermerkte in seinem schriftlichen Rapport vom 1. Juli 1944: „Bombentreffer in den Mannschaftsunterkünften in der Gemeinde Marcouf. Schwere Menschenverluste."

Nach nur wenigen Minuten kehrte Oberleutnant Krieg mit den Soldaten wieder zurück. Er meldete dem Batteriechef, daß man sie beschossen habe – vermutlich von feindlichen Fallschirmjägern. Ohmsen ließ sofort einen Spähtrupp zur Aufklärung der Situation zusammenstellen. Nach kurzer Zeit war der mit Maschinenpistolen und Handgranaten bewaffnete Trupp unter der Führung des Oberleutnants Krieg zum Abmarsch bereit: 20 Mann und zwei Unteroffiziere.

Der Spähtrupp bewegte sich leise am Rand eines sumpfigen Geländes mit kleinen, flachen Tümpeln, aus denen Binsen und langes Gras wuchsen. Die Nacht war dunkel; nur gelegentlich fiel etwas von dem dünnen, vom Mond reflektierten, bläulichkalten Licht durch die zerrissene Wolkendecke. Aus der weiteren Umgebung wurde der Himmel an mehreren

Oberleutnant zur See, Walter Ohmsen
Foto: Kollektion W. Ohmsen

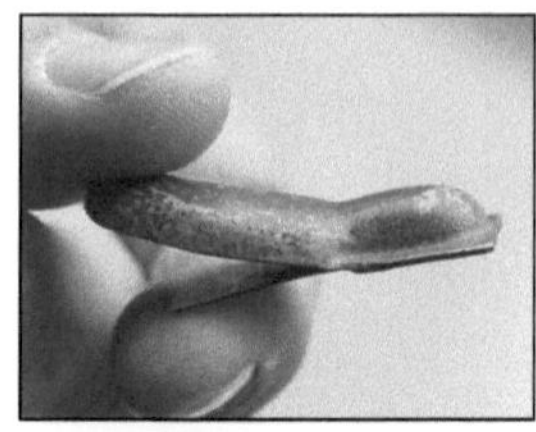

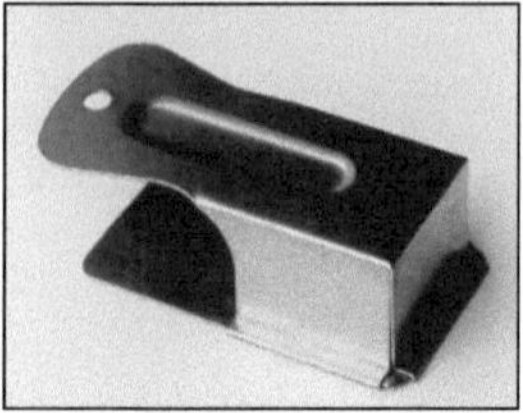

Toy-Crickets – ursprünglich ein Kinderspielzeug in Form eines Frosches (oben), doch da für die US-Luftlandetruppen der 101. Airborne Division so schnell nicht genügend davon verfügbar waren, wurden die meisten Fallschirmjäger mit speziell gefertigten Klappern (unten) zur akustischen Erkennung untereinander ausgerüstet.

Abbildungen: Archiv von Keusgen

Stellen vom flackernden Schein brennender Häuser gespenstisch erhellt. Alles war ruhig, nur gelegentlich quakte ein Frosch. Der Spähtrupp schlich vorsichtig und nahe des Wassers weiter. Dann fiel den Männern auf, daß dem Quaken eines Frosches offenbar immer mit zweimal quaken geantwortet wurde und sich dieses Quaken seltsam metallisch anhörte. In kurzer Zeit wurden es immer mehr Frösche, die im Überschwemmungsgebiet miteinander kommunizierten...

Plötzlich bemerkten zwei Mitglieder des Stoßtrupps einen amerikanischen Soldaten, der gerade durch das Wasser direkt auf sie zu watete und mittels eines kleinen Metallteils immer wieder dieses Quaken erzeugte – quack, quack. Als der Amerikaner gerade das Wasser verließ, rief ihn einer der Deutschen halblaut an: „Halt, stehen bleiben!"

Der erschreckte US-Soldat wollte sofort ins Wasser zurück fliehen, doch schlugen ihn die beiden Männer des Spähtrupps mit ihren Maschinenpistolen nieder. Als Oberleutnant Krieg kurz darauf bei ihnen erschien, zeigten sie ihm ein kleines Spielzeug, einen aus Blech geprägten, hohlen Frosch, an dessen Unterseite eine dünne, steife Metall-Lasche angebracht war.

„Offenbar eine Art Signalgerät", raunte der Gefreite Albert Müller seinem Truppführer zu, dann drückte er auf die Metall-Lasche. Quack-quack, klang es in die Nacht – und von überall aus dem Sumpf kam Antwort. Die deutschen Soldaten nahmen ihre Maschinenpistolen in Anschlag, und Müller drückte wieder auf den Blechfrosch. Langsam näherten sich aus der Dunkelheit etliche auf das Signal mit ihren „Fröschen" antwortende Amerikaner...

Als sich Oberleutnant Krieg um 2:10 Uhr bei Ohmsen zurückmeldete, brachte er nicht nur seinen Spähtrupp vollzählig zurück, sondern auch noch 20 gefangene Amerikaner einschließlich eines ihrer Kompaniechefs, einem Hauptmann – Angehörige fünf verschiedener Einheiten des 502. PIR *(Parachutist Infantry Regiment = Fallschirmjäger-Infanterie-Regiment*

Die ersten US-Fallschirmjäger wurden bereits in der Nacht zum 6. Juni in den Großraum bei Saint Marcouf eingeflogen.

Foto: US National Archives

der 101. Airborne Division). Sie hatten zusammen mit weiteren 100 Männern den Auftrag bekommen, in der Nähe von St.-Martin-de-Varreville abzuspringen und die 1. Batterie des HKAR 1261 des Oberleutnants Erben anzugreifen – doch war diese Batterie mehr als sieben Kilometer *(Luftlinie)* von der MKB Marcouf entfernt. Versehentlich waren sie im Sumpfgebiet und sogar mitten in St. Marcouf heruntergekommen. Die irritierten und desorientierten Fallschirmjäger hatten daraufhin St. Marcouf angegriffen, waren jedoch von einem Stoßtrupp des 2. Bataillons des Infanterie-Regiments 919 in das Sumpfgebiet zurückgedrängt worden – der deutsche Stoßtrupp hatte aus nur acht Mann bestanden.

Inzwischen hatte man aber auch auf dem Stützpunkt selbst einen Fallschirmjäger gefangengenommen, der dort versehentlich heruntergekommen war. Es handelte sich um einen Leutnant des 508. PIR. Nachdem man den Amerikanern, die in einen der Bunker der MKB gesperrt wurden, ihre Ausrüstungsgegenstände abgenommen hatte, waren Ohmsen und seine Leute darüber höchst erstaunt: Kleine Funkgeräte in der Größe eines Brillenetuis, Kompasse, die aussahen wie Knöpfe. Der Leutnant des 508. PIR trug ein hauchdünnes Seidenhalstuch, auf das Pläne gedruckt waren, Pläne mit höchst interessanten Details, sogar mit den gerade erst vor wenigen Tagen gegen Landeunternehmen aus der Luft aufgestellten Baumstämmen sowie den exakten Positionen sämtlicher Geschütz-, Flak- und MG-Stellungen der MKB. Der Batteriechef selbst hatte diese Positionen noch nicht kartographisch erfaßt...

Oberleutnant Ohmsen war nun der Meinung, daß die Fallschirmjäger den Beginn der schon lange erwarteten Invasion einleiteten. Um 2:20 Uhr rief er Konteradmiral Hennecke

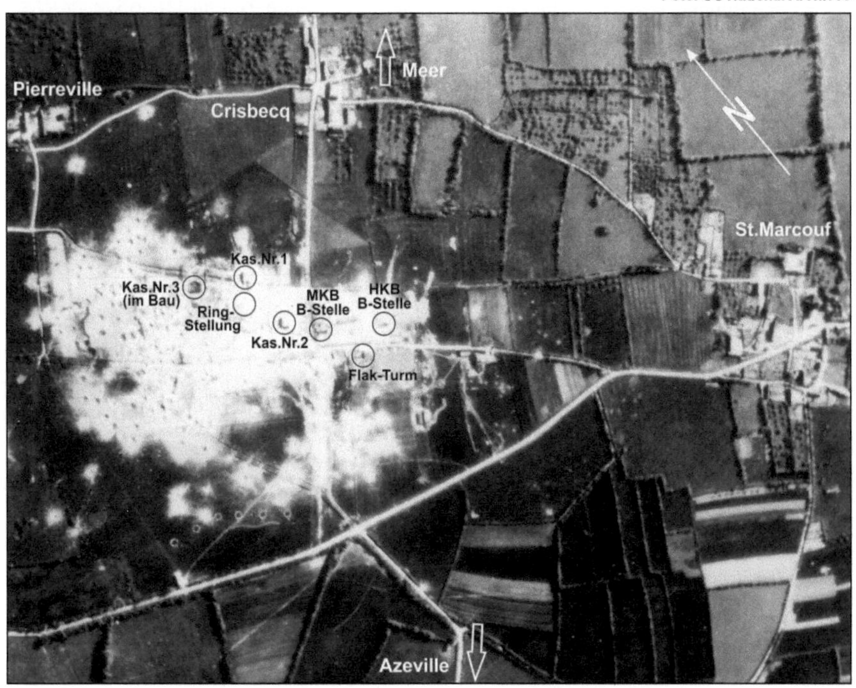

Luftaufnahme der bombardierten MKB Marcouf und dem Umfeld zwischen Crisbecq, dem Anwesen Pierreville, St. Marcouf und Azeville.
Foto: US National Archives

an und meldete die Vorkommnisse. Hennecke ließ nun das für den Fall einer feindlichen Landung vorgegebene Alarmsignal auslösen: „Alarm Küste!"

Während die HKB Azeville von dem schweren Bombardement fast nichts abbekommen hatte, herrschte auf dem Gelände der MKB die ganze Nacht hindurch hektische Betriebsamkeit. Die zerstörten Nahverteidigungsanlagen mußten wieder hergerichtet werden, und zwei weniger stark angeschlagene Fla-Geschütze wurden im Schein einer nur schwachen Notbeleuchtung repariert. Die Verluste an Menschenleben waren größer als bei jedem anderen Angriff zuvor. Das Bergen der Verwundeten vollzog sich in der total zerklüfteten Kraterlandschaft, den an vielen Stellen eingebrochenen Laufgräben und zwischen heruntergerissenen Tarnnetzen, noch dazu in fast völliger Finsternis, äußerst langsam und mühevoll. Durch die Nacht hallten die Schreie der Verwundeten.

Das große Ringen

Noch vor dem Morgengrauen wollte Hauptmann Dr. Treiber mit seinem „Burschen", Karl Reichle, zur B-Stelle bei Crisbecq gehen. Eine Fahrt mit dem Auto war nach dem schweren Bombardement und der zerstörten Straße von Azeville aus nicht mehr möglich. Da erschien völlig überraschend Oberleutnant Erwin Lohner im Batteriegefechtsstand. Lohner, Dr. Treiber und Kattnig waren gute Freunde aus vergangenen Zeiten, und die Wiedersehensfreude war trotz der wirren Umstände groß. Oberleutnant Lohner war inzwischen Chef einer motorisierten Batterie, die erst seit zwei Tagen in der Nähe der HKB Azeville stationiert war – in nur einigen hundert Metern Entfernung. Aber man hatte keine Zeit für lange Gespräche. Lohner mußte sich bald wieder verabschieden und zu seiner Batterie zurückkehren. Dr. Treiber brach zur B-Stelle auf. Er berichtete:

„Ein Unteroffizier führte Karl und mich mit meinem Notwendigsten im Affen *(Sturmgepäck)* zur B-Stelle, trotzdem links und rechts der Straße schon Feindtruppen lagen. Unbeschreiblich die Wüste, die ich antraf. Die Fliegerabwehrgeschütze lagen bunt durcheinander um die B-Stelle herum. Volltreffer in und auf die Bunker. Deutsche Panzer *(einer*

6. Juni 1944, 5:50 Uhr: Der künstliche Nebel, der die Armada der Alliierten bis eben verborgen hatte, war verflogen. Vor dem US-Landeabschnitt „Utah" lagen mehr als eintausend Schiffe und Boote, über denen an langen Seilen silbern glänzende Sperrballons gegen Tieffliegerangriffe schwebten. **Foto: Bundesarchiv**

Panzerjäger-Abteilung der 709. Infanterie-Division) wollten helfen, sie mußten aber schnell dem feindlichen Höllenfeuer weichen."

Als um kurz vor 5:00 Uhr am östlichen Horizont der Morgen zart heraufzudämmern begann, betraten Oberleutnant Ohmsen und sein Leitstand-Offizier den Beobachtungsbunker. Der Batteriechef blickte durch das Periskop in der Panzerkuppel zum Meer hinunter. Dunst lag über der See – dichter, grauer Dunst. Man wartete...

Um 5:50 Uhr trat Ohmsen wieder an das Fernrohr. In diesem Moment zerriß der Schleier des künstlichen Nebels, hinter dem sich bis eben die größte Armada der Weltgeschichte verborgen hatte.

Salvenfeuer aus den 12,7-cm-Kanonen der „USS Nevada".

„Da sind sie..."

Sofort griff Ohmsen zum Telefon, rief den Seekommandanten in Cherbourg an: „Vor uns liegen mehrere hundert Schiffseinheiten. Haben wir eigene Schiffe auf See?"

Nach einem kurzen Moment kam die Antwort: „Keine eigenen Schiffe auf See."

Sachlich erwiderte Ohmsen: „Erbitte Feuererlaubnis."

„Feuererlaubnis erteilt – aber seien Sie sparsam mit der Munition..." *(Allgemein waren die Kontingente an Munition bei sämtlichen Batterien in Küstennähe äußerst begrenzt.)*

Bild links: Um 5:55 Uhr begann vor den US-Landeabschnitten „Utah" und „Omaha" das massierte Trommelfeuer der Kriegsschiffe auf die deutschen Küstenbefestigungen.

Augenblicklich ließ der Batteriechef den Feuerbefehl an die Geschützführer der 21-cm-Kanonen weiterleiten: „An alle Geschütze – Feuer frei!"

Um 5:52 Uhr brüllten die ersten Abschüsse der drei Langrohrkanonen in den diesigen Morgen. 20 Sekunden brauchten die großen Geschosse bis zu ihren Zielen. *(Ohmsen vermerkte später, daß nach dem Prinzip der E-Meß-Technik geschossen wurde = Messung der Aufschläge mittels Entfernungsmeßgerät und dem Vergleich mit der Aufsatzentfernung.)* In diesem Augenblick war den Befehlshabern auf den 17 bis 30 Kilometer vor der Küste liegenden Schiffen der Alliierten bewußt, daß man sie gesichtet hatte.

Das US-Schlachtschiff „Nevada" beschoß mit zwölf 12,7-cm-Kanonen und zehn 35,6-cm-Kanonen die deutschen Verteidigungsanlagen.
Fotos: US National Archives

Die Kriegsflotte, die vor der Cotentin-Halbinsel lag, begann daraufhin zurückzufeuern – es war 5:55 Uhr.

Das Salvenfeuer mit Granaten großer Kaliber lag fast flächendeckend im Batteriegelände und richtete weitere schwere Schäden an. Doch Ohmsens Kanonen feuerten weiter. Auch von Osten her dröhnte nun eine Kanonade gewaltigsten Ausmaßes herüber; die riesige Flotte der Alliierten begann nun auch mit der Beschießung der deutschen Küstenbefestigungen in ihren weiteren vier Landeabschnitten „Omaha" (und etwas später) „Gold", „Juno" und „Sword". Die mit dem Codenamen „Operation Overlord" bezeichnete Invasion der Westalliierten hatte begonnen – an der am weitesten von Großbritannien entfernten Kanalküste Frankreichs, jener der Normandie.

Für den Angriff auf den Atlantikwall hatte der Oberbefehlshaber der Westalliierten, US-General Dwight D. Eisenhower, die stärkste Luft- und See-Streitmacht der Weltgeschichte in Marsch gesetzt: 12.837 Flugzeuge (3.467 schwere Bomber, 1.645 mittlere, leichte und Torpedo-Bomber, 5.409 Jagd- und 2.316 Transportflugzeuge) und 5.339 Schiffe (7 Schlachtschiffe, 2 schwere Artillerie-Monitore, 23 Kreuzer, 105 Zerstörer, 1.076 kleine Kriegsschiffe und 4.126 Landungsboote). Dazu kamen noch 1.652 kleine zivile Schiffe wie Schlepper, Schaluppen und Barkassen. Die Marine-Operation der Alliierten war unter dem Codenamen „Neptune" angelaufen.

Der gewaltigste Marine-Artillerie-Beschuß aller Zeiten dauerte pausenlos 32 Minuten. Von nun an gab es über das erste Feuergefecht zwischen Ohmsens MKB, Dr. Treibers HKB und den Kriegsschiffen bis kurz nach 8:00 Uhr von beiden Seiten völlig konträre Darstellungen. Oberleutnant Ohmsen führte in seinem offiziellen schriftlichen Rapport (vom 1. Juli 1944) dazu aus:

„Um 6:00 Uhr wurde die Beschießung zunächst mit drei (21-cm-) Geschützen aufgenommen. Der Feind beantwortete das Feuer sogleich. Der Feind nebelte sich unmittelbar ein. Mehrere Male Zielwechsel. Um 8:00 Uhr herum Treffer auf den feindlichen Kreuzer von ca. 6.000 tons. Das Feuer der Batterie lag gut im Ziel. Im Lauf der Zeit fiel ein Geschütz aus. Trefferwirkung. Feuer mit zwei Geschützen fortgesetzt. Abstand vom Feind ca. 17.000 Meter. Kurz danach wurde der Kreuzer durch Volltreffer versenkt. Er brach mitten auseinander. Zielwechsel auf einen Zerstörer. Treffer achtern."

In den Annalen der Amerikaner ist jedoch keine Versenkung eines Kreuzers nachweisbar, lediglich „Quincy" soll am 6. (und 7.) Juni 1944 bei seinem Beschuß auf den „Utah"-Landeabschnitt Gegenfeuer erhalten haben. Statt

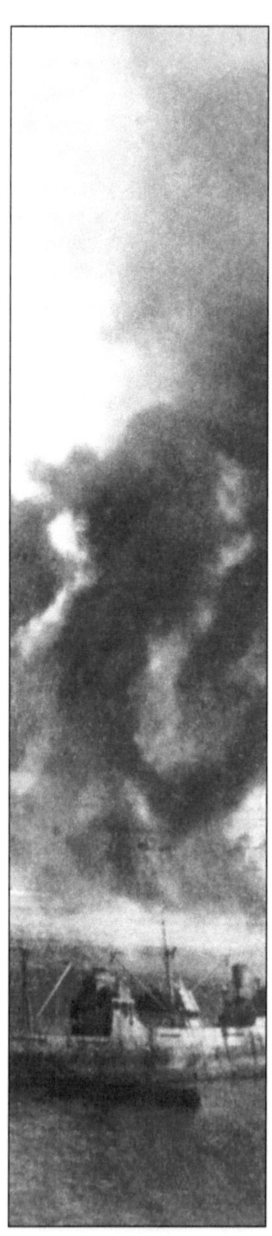

Bereits mit den ersten Granaten einer deutschen Küstenbatterie wurden Treffer auf die Flotte der Alliierten erzielt.
Foto: US National Archives

des (von Ohmsen vermuteten) getroffenen Kreuzers, so mutmaßten andere Interpreten der Kampfhandlungen, sollte es sich um den Zerstörer „Corry" gehandelt haben. Gemäß amerikanischer Quellen habe „Corry", zusammen mit der „Texas", „Utah" unter Feuer genommen und sei dabei selbst unter heftigen Beschuß geraten. Der Zerstörer sei sodann bei einem Ausweichmanöver seitlich gegen eine Mine gelaufen. Dazu berichtete E. S. Morison in „History of United States Naval Operations – The Invasion of France and Germany":

„Um 6:05 Uhr eröffnete eine Küstenbatterie das Feuer auf die Zerstörer 'Pitch' und 'Corry'... Um 6.10 Uhr legten Flugzeuge eine Rauchwand zwischen die Schiffe und die Küste (und unterbrachen damit den Beschuß auf den Landeabschnitt 'Utah'). Das Flugzeug, das die 'Corry' abschirmen sollte, wurde jedoch abgeschossen. So blieb die 'Corry' offen sichtbar und wurde zum Ziel konzentrierten Feuers mehrerer deutscher Batterien. Die 'Corry' manövrierte sich schnell und ständig feuernd zurück, lief dabei jedoch auf eine Mine, die das Schiff in der Mitte fast völlig auseinander riß. Schnell sinkend mußte es um 6:41 Uhr aufgegeben werden." (Der Zerstörer „U.S.S. Corry" brach acht Minuten später in der Mitte auseinander. Der Rest der 284-köpfigen Besatzung mußte das Schiff verlassen und unter heftigem Artilleriefeuer fast zwei Stunden lang im 12° kalten Wasser aushalten – 24 Mann waren bei diesem Desaster ums Leben gekommen.)

Nach diesen Berichten stellt es sich so dar, daß die MKB Marcouf keine ernsthaften Schäden unter der Invasionsflotte anrichten konnte. Dazu sei folgendes bemerkt: Im Oktober 1975 wurde dem Autoren (von Keusgen) von einem Kriegsveteranen eine Fotografie ausgehändigt, die dieser persönlich in den frühen Morgenstunden des 6. Juni 1944 vom Stützpunkt WN 62 („Omaha Beach") aufgenommen hatte (vom Dach einer Villa in direkter Strandnähe).

Der Veteran berichtete dazu: „Unmittelbar nachdem sich morgens der künstliche Nebel verzogen hatte, konnten wir die riesige Flotte sehen. Es war schaurig... Dann war aus sehr

Mit diesem Foto, das vom "Omaha Beach" aus aufgenommen wurde, wird bewiesen, daß bereits eine der deutschen Küstenbatterie vor „Utah" ein Kriegsschiff der Alliierten beschossen und zu einem verhängnisvollen Ausweichmanöver gezwungen hatte. Zum Zeitpunkt dieser Aufnahme waren weder die Mündungsfeuer der Schiffsgeschütze noch Landungsboote noch zerstörte Strandhindernisse zu sehen – folglich dieses Foto unmittelbar vor dem Beschuß der Küste aufgenommen wurde – um 5:55 Uhr. **Foto: Archiv von Keusgen**

Auf den Landungsbooten bereiteten sich die GIs auf ihren Angriff vor.
Foto: US National Archives

weiter Entfernung und aus westlicher Richtung (mit dem Wind) ein leises Donnergrollen zu vernehmen – so als würden mehrere Kanonen gleichzeitig schießen; sofort danach eine Detonation. Dann stieg eine gewaltige Qualmwolke auf (ca. 20 Kilometer entfernt). Unmittelbar darauf begann ein schrecklicher Beschuß von den Schiffen auf die gesamte Küste."

Auch Dr. Treiber beschrieb die Situation ab 5:50 Uhr: „Als ich mich zum ersten Mal ans Teleskop in meiner Zwei-Mann-Panzerkuppel setzte, sah ich ein Bild, das ich nie in meinem Leben vergessen werde. Ich zählte nur in meinem kleinen Abschnitt *(Feuerbereich)* 300 Schiffe aller Größen."

Dr. Treiber rief von der B-Stelle aus Kattnig im Gefechtsstand an: „Sie kommen!"

Unmittelbar darauf lag die Heeres-Küsten-Batterie unter schwerstem Beschuß der Schiffsartillerie. Das Schlachtschiff „Nevada" *(mit zehn 35,6-cm-Kanonen und zwölf 12,7-cm-Kanonen bestückt)* schoß sich mit einigen Geschützen auch auf diesen Stützpunkt ein. Die gewaltige Schiffsartillerie wurde von den in der Nähe der HKB liegenden Fallschirmjägern per Funk dirigiert. Zuerst verfehlten die schweren Geschosse ihr Ziel und schlugen auf den Wiesen westlich hinter dem Batteriegelände und bedrohlich nahe der Fallschirmjäger ein. Doch schon bald lag der Beschuß flächendeckend im gesamten Areal des Stützpunktes. Dann wurde die Kasematte Nr. 4 in kurzer Folge hintereinander vier Mal an ihrer linken Flanke schwer getroffen. Jedes Mal erzitterte der ganze Bunker.

Ab 6:28 Uhr fielen am „Utah Beach" die stählernen Rampen der ersten Landungsboote auf den Sand. Die Invasion durch US-Soldaten der 4. Infanterie-Division unter der Leitung des Generalmajors Raymond O. Barton hatte begonnen.

Dr. Treiber berichtete weiter: „Die großen Schlachtschiffe lagen in Deckung hinter den Marcouf-Inseln und feuerten ununterbrochen Breitseiten auf uns. Hunderte von Fliegern in der Luft. Ich schoß, was die Rohre hielten – auf alle Ziele: Ausladungen, Truppen, die in Stützpunkte eingedrungen waren, besetzte Ortschaften an der Küste und Panzer. Ich erzielte zwei Volltreffer auf einen Zerstörer. Ich wurde in meiner B-Stelle mit allen Mitteln des modernen Krieges unter Feuer genommen..."

Um kurz vor 7:00 Uhr riß eine der großkalibrigen Granaten das untere Betonsegment der stufenförmigen Scharte über der Kasematte Nr. 2 in Stücke. Umherfliegende Betonbrocken und Stahlsplitter richteten unter den Kanonieren schwere Verwundungen an. Nur wenige Minuten später durchschlug eine weitere Granate den rechten Schutzschild des Geschützes und tötete fünf Mann der kurz vorher ausgetauschten, achtköpfigen Ersatzmannschaft.

Um 7:00 Uhr rief Oberleutnant Kattnig in Ohmsens Gefechtsstand an, um über die schwierige Situation, in der sich der HKB-Stützpunkt befand, zu berichten. Doch Ohmsen hatte seine eigenen Probleme. Auch auf seinem Batteriegelände schlugen ständig die schweren Granaten der Schiffsartillerie ein. Außerdem wurde er auch unentwegt von Jabos attackiert. Mit ihren Bord-MGs und Raketen beschossen sie gezielt die nur provisorisch wieder instand gesetzten Nahverteidigungsanlagen.

Um kurz vor 8:00 Uhr klingelte in Oberleutnant Kattnigs Gefechtsstand das Telefon. Nun war es Ohmsen, der anrief. Er berichtete, daß seine Artilleristen einen der Kreuzer vor der Küste vernichtend getroffen hätten. Kattnig bemerkte einen gewissen triumphierenden Unterton in Ohmsens Stimme. *(Um welches Schiff es sich tatsächlich handelte, blieb im Durcheinander widersprüchlicher Gefechtsdarstellungen ungeklärt. Fest steht jedoch, daß ein Zerstörer getroffen wurde. Durch das Feuer mehrerer Marine- und Heeres-Küsten-Batterien sowie > auch mobiler ' Batterien deutscher Artillerie-Regimenter > insgesamt 28 Batterien' und etlicher Geschütze der strandnahen Widerstandsnester lagen später nur höchst unsichere und widersprüchliche Meldungen vor. Deshalb wird von nun an nicht weiter auf Treffer von Seezielen der MKB Marcouf und der HKB Azeville eingegangen. Es ist dennoch davon auszugehen, daß beide Batterien mehrfach Treffer erzielen konnten.)*

Unmittelbar nach diesem Telefonat schlug um 8:00 Uhr auf dem MKB-Stützpunkt eine 35,6-cm-Granate des US-Schlachtschiffs *Nevada* direkt vor dem 21-cm-Geschütz der Kasematte Nr. 1 ein. Die großen Stahlsplitter setzten die Langrohrkanone sofort außer Gefecht. Einige Männer des Bedienungspersonals wurden getötet, die Überlebenden waren schwerverwundet. Ohmsen ließ mit den beiden anderen Kanonen weiterfeuern. Doch die Schiffsartillerie der Alliierten schoß sich auf die Mündungsfeuer ein. Die großkalibrigen Granaten, die ihr Ziel verfehlten, richteten dennoch durch ihre gewaltige Druckluft- und Splitterwirkung erhebliche Schäden auf dem Batteriegelände an.

Um kurz vor 9:00 Uhr detonierte der Volltreffer einer weiteren 35,6-cm-Granate der „Nevada" im Geschützraum der Kasematte Nr. 2. Das gesamte 15-köpfige Bedienungspersonal wurde augenblicklich durch die enorme Druckwelle getötet, das getroffene Geschütz zerstört. Das letzte Geschütz ließ Oberleutnant Ohmsen nun auf den 7 bis 12,5 Kilometer entfernten US-Landeabschnitt „Utah" richten. Durch die Zerstörungskraft der Kriegsschiffe ergab sich aber noch ein weiteres Problem: Alle Feldbahngleise auf dem Stützpunkt waren bei dem Beschuß zerstört worden. Nun mußten die 135 Kilo schweren Geschosse vom unterirdischen Munitionsbunker über das von Bomben und Granaten völlig aufgewühlte Gelände zur letzten Kanone von den Soldaten herangeschleppt werden.

Der Oberbefehlshaber der US-Kriegsflotte, Admiral King, schrieb später in seinem Rapport: „Die Batterie Crisbecq bereitete uns viele Schwierigkeiten. Wir mußten gegen sie nicht nur das Schlachtschiff „Nevada" einsetzen, sondern auch noch die 'Arkansas' und die 'Texas', die wir extra von 'Omaha' herüber beordern mußten."

Sprengbomben und großkalibrige Granaten der Schiffsartillerie hatten durch einen sechs Meter tiefen Krater Ohmsens großen Beobachtungsbunker an der Stirnseite freigelegt (Vergleich siehe Seiten 54 und 56).
Foto: US National Archives

Dieses letzte, in seiner offenen Ringstellung freistehende 21-cm-Geschütz, dort oben auf der Anhöhe, war für die landenden Amerikaner deswegen so lästig, weil es, hinter der Kasematte Nr. 1 platziert, von See her kaum zu erkennen war – und folglich nur sehr schwer zu treffen.

Unter dem ständigen Beschuß der Schiffsartillerie, dem Gewehrfeuer der amerikanischen Fallschirmjäger und der ersten vom „Utah Beach" heranrückenden US-Truppen wollte sich Abteilungskommandeur Erich Rüttinger von seinem Fahrer zu einer seiner in offener Feldstellung liegenden Batterien nahe Valognes bringen lassen. In seinem Auto saß auch noch ein Leutnant namens Schauer. Doch die Fahrt mit dem britischen Morris-Pkw wurde im Feuer der Kriegsschiffe zu einem enormen Risiko.

Rüttingers Fahrer, Hans Blaschke, erzählte: „Gegen 8:00 Uhr hieß es, der Feind sei im Korps-Bereich gelandet. Überall wurde geschossen. Dann fuhren wir los. Von der Anhöhe aus konnten wir die vielen Schiffe sehen, von denen die Landungsboote hin und her fuhren. Überall waren Jabos. Ich glaube, daß es ein Glück war, daß ich mit einem englischen Auto fuhr, so waren die Piloten wohl der Meinung, daß es sich um einen Offizier der Alliierten handeln würde, jedenfalls haben sie uns nicht beschossen."

Dann fuhr Blaschke durch St. Marcouf: „Der Ort war von den Bomben ganz schön kaputtgehauen, und überall konnte man diese Froschknacker hören."

Hans Blaschke und die beiden Offiziere stellten bald fest, „daß im ganzen Ort amerikanische Fallschirmjäger umherwimmelten..."

Blaschke beeilte sich, mit dem Auto aus St. Marcouf zu kommen. Aber kurz hinter dem Ortsausgang überfuhr er einige vom nächtlichen Bombardement herabgerissene Stromleitungen, die sich um die Kardanwelle des Morris wickelten. Hans Blaschke mußte anhalten, unter den Wagen kriechen und die dicken Drähte mit einer Zange wieder abschneiden – auf offener Straße. Angesichts der überall umherkreisenden Jabos wurde es den Offizieren nun zu unsicher, und als Blaschke wieder einstieg, deutete Hauptmann Rüttinger zu einer großen, auffälligen Kasematte in einiger Entferung: „Los, Blaschke, geben Sie Gas; fahren sie da hin.!"

Hans Blaschke verließ mit dem Morris sofort die ohnehin vom nächtlichen Bombenangriff stark beschädigte Straße und nahm die Abkürzung über die Wiesen – in Richtung der großen Kasematte der MKB Marcouf. Je näher das Fahrzeug dem Stützpunkt jedoch kam, um so häufiger schlugen die schweren Granaten der Schiffsartillerie auf den Wiesen ein. Blaschke, der die Anordnung seines Chefs wörtlich genommen hatte, fuhr in rasantem Tempo über das unebene Terrain.

Da wandte sich Leutnant Schauer, der im Fond des Wagens saß, an Blaschke: „Können Sie nicht etwas gefühlvoller fahren?"

Hauptmann Rüttinger entgegnete daraufhin: „Lassen Sie ihn, Schauer, er hat andere Tugenden."

Einen Moment später schlug eine Granate in der Nähe des Fahrzeugs ein, Erde spritzte auf. Der Leutnant im Fond rief: „Wann wollen Sie denn endlich aufhören, zu fahren?"

Blaschke sagte über die Schulter: „Wenn die erste Granate auf dem Kühler gelandet ist!"

Einen Moment später hielten sie auf dem MKB-Stützpunkt, der unter schwerem Beschuß lag. Hauptmann Rüttinger, Leutnant Schauer und Hans Blaschke rannten im Hagel der Granatsplitter und umherfliegender Steine zur B-Stelle und betraten Ohmsens Gefechtsstand. Hauptmann Rüttinger erklärte dem Batteriechef, daß er abwarten wollte, „bis sich die Situation wieder etwas beruhigt hat."

Hans Blaschke, couragierter Fahrer seines Abteilungskommandeurs.

Foto: Kollektion H. Blaschke

Doch nachdem der heftige Artillerie- und Jabo-Beschuß nach einiger Zeit etwas abgenommen hatte, mußte Hans Blaschke feststellen, „daß da, wo mein schöner Morris gestanden hatte, nur ein einziger großer Granattrichter war. Die Einzelteile des Autos lagen weit in der Umgebung verstreut herum."

Schon seit der vergangenen Nacht waren die Fallschirmjäger in Azeville eingedrungen, und seit dem Morgen hatte sich ein größerer Trupp von ihnen zusammengefunden. Sie begannen nun, von einem Haus zum nächsten zu gehen, um nach deutschen Soldaten zu suchen. Als die Familie Dorey davon erfuhr, war man in großer Sorge, denn in der ersten Etage lag noch immer der 18-jährige Batterieangehörige im Bett. Die Familie hatte Angst, von den Amerikanern erschossen zu werden, wenn man ihn in ihrem Haus finden würde – es könnte so scheinen, als hätte man ihn versteckt. Aber den Deutschen verraten wollten sie auch nicht. Da der 19-jährige Jean Dorey gut deutsch sprechen konnte, erklärte er dem Soldaten, daß, wenn die Amerikaner ihn im Haus fänden, sie die ganze Familie töten würden. Der Soldat müßte nun schnellstens zur Batterie zurückkehren. Obwohl der Deutsche das Haus der Doreys eigentlich nicht verlassen wollte, ließ er sich dennoch von Jean Dorey mit einem Charrette zum Stützpunkt zurückbringen.

Ohmsen ließ inzwischen das Feuer auf jenen Bereich des Strandes konzentrieren, an dem die Amerikaner gerade das Widerstandsnest 5 überwunden hatten und nun massenhaft Soldaten und Material an Land brachten. Die schweren Granaten schlugen zwischen Panzern, Lastwagen und immer neuen Wellen heranflutender Landungsboote ein. Aber dieser Strandabschnitt lag auch noch im Feuerbereich mehrerer anderer deutscher Batterien, auch der HKB Azeville. *(Der durch die starke Meeresströmung um mehr als zwei Kilometer nach Osten verschobene Landeabschnitt der Amerikaner lag im äußersten Feuerbereich der Azeville-Kanonen.)* Für die Amerikaner wurde die Landung vor *Utah* zu einem Wettlauf mit der Zeit. Besonders das letzte schwere Geschütz bei Crisbecq mußte zum Schweigen gebracht werden *(doch das gelang erst um 18:30 Uhr)*. Das Geschütz hatte zwar durch die Granate eines Zerstörers keinen direkten Schaden erlitten, sondern war lediglich gewaltsam herumgedreht worden. Sein Rohr wies nun zum Land und es ließ sich nicht mehr in die Richtung des Meeres zurückdrehen.

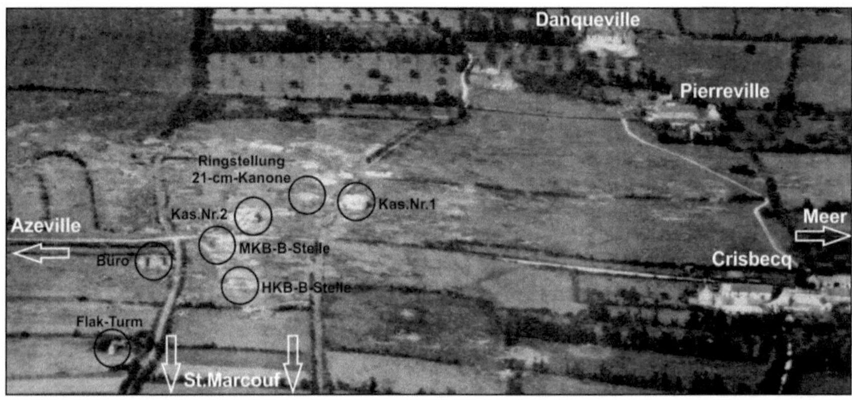

Luftaufnahme des Areals um die MKB Marcouf (Blickrichtung Nordwest, Vergl. siehe Seite 85).
Foto: US National Archives

Die Situation im Bereich des US-Landeabschnittes *Utah* hatte sich im Verlauf des 6. Juni nicht nur für die Deutschen, sondern auch für die Amerikaner dramatisch und höchst gefährlich entwickelt. Die Truppen- und Materialanlandungen der Amerikaner, die möglichst schnell stattfinden sollten *(ihre Hauptsorge galt den deutschen Reserven, besonders den Panzerverbänden)*, wurden von den Küstenbatterien immer noch stark behindert. Längst hätten die MKB Marcouf wie auch die HKB Azeville *(und viele andere Batterien)* eliminiert sein sollen, doch war der Widerstand der Deutschen für die Amerikaner unerwartet stark *(dennoch konnten die Amerikaner in ihrem „Utah-Beach"-Landeabschnitt bis zum Abend des 6. Juni insgesamt 23.250 Soldaten an Land bringen)*.

Nach einer weiteren Nacht, in der die Besatzungen der deutschen Stützpunkte wegen des sporadischen Beschusses durch die Kriegsschiffe kaum Ruhe finden konnten *(in der Nacht wurde nach den Kartenwerten geschossen)*, begann der 7. Juni so, wie der erste Tag der Invasion zu Ende gegangen war. Mit anbrechendem Tageslicht wurde der Beschuß von See her wieder heftiger und die Jabos kreisten über den bereits völlig verwüsteten deutschen

Stellungen. Auch waren die ersten amerikanischen Infanteristen, von der Küste herauf und aus Osten kommend, bis an
das Terrain der MKB Marcouf vorgedrungen. Ihnen folgten
das 1. und 2. Bataillon des US-Infanterie-Regiments 22, deren Vorhut sich langsam durch St. Marcouf vortastete. Als die
amerikanischen Truppen St. Marcouf verließen, wurden sie
von der Beobachtungsstelle der Heeres-Küsten-Batterie Azeville gesichtet. Der Feuerleitoffizier ließ sofort den Beschuß
der 10,5-cm-Kanonen auf die heranrückenden Kolonnen er-
öffnen. Trotz erheblicher Verluste marschierten sie dennoch
weiter auf die MKB Marcouf und die HKB Azeville zu.

Im Lauf des Vormittages rief Oberleutnant Kattnig bei
Oberst Triepel an und schilderte ihm die Situation auf seinem
Stützpunkt. Triepel war nervös und befahl Kattnig, mit seinen
Männern auszuhalten. Auch kündigte er dem Oberleutnant
eine deutsche Gegenoffensive an: „Wir werden die Amerika-
ner wieder zurück ins Meer werfen..."

Um 7:00 Uhr wurde die HKB Azeville mit einem starken Stoß durch US-Infanteristen des 2. Bataillons des
Infanterie-Regiments 22 und einigen Sherman-Panzern von
Südosten her angegriffen. Zwei Panzer schoben sich bis
auf weniger als einhundert Meter an die beiden Kasematten
Nr. 1 und Nr. 2 heran, um durch gezielte Schüsse auf die
Schartenstände die 10,5-cm-Geschütze zu zerstören. Doch
die deutschen Kanoniere reagierten beherzt und feuerten
schneller. Mehrere der Panzer wurden eliminiert und blieben
kampf- und bewegungsunfähig liegen. Dann erfolgte ein für
die GIs überraschender Gegenangriff durch Oberleutnant
Habels Soldaten und einigen Männern des Stützpunktes. Die
US-Panzer zogen sich samt der Infanteristen eilig zurück.
Unmittelbar darauf setzte wieder der schwere Beschuß durch
die *Nevada* ein.

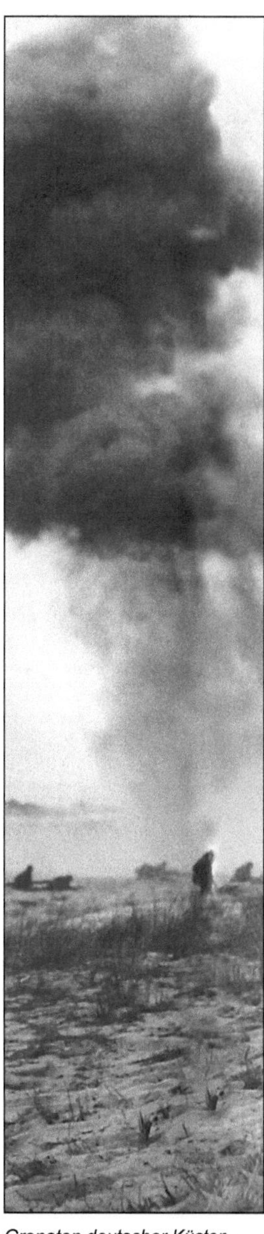

Granaten deutscher Küsten-Batterien schlugen zwischen den landenden und gelandeten Amerikanern am „Utah Beach" ein. **Fotos: US National Archives**

Das Feuer der Schiffsartillerie
wurde durch Flugzeuge und
spezielle Beobachter unter den
Soldaten geleitet.
Fotos: US National Archives

Der 7. Juni 1944 war Oberleutnant Walter Ohmsens 33. Geburtstag und begann für ihn mit einer Überraschung: Bereits morgens wurde er vom Seekommandanten Walter Hennecke angerufen, der Ohmsen mitteilte, daß man ihm für die standhafte Verteidigung seines stark umkämpften Stützpunktes das EK II verliehen habe. Doch der Batteriechef hatte wenig Gelegenheit zur Freude – er hatte bereits die ganze Nacht im Feuer der Schiffsartillerie gelegen.

Gegen 12:00 Uhr verstummte der Beschuß durch die Schiffsartillerie auf die MKB Marcouf. Plötzlich prasselten MG-Salven in den Stützpunkt und Granaten schlugen ein. Die Amerikaner versuchten nun, durch Unterstützung ihrer Infanterie mit Pionieren, Feldartillerie und Panzern, das Terrain zu erobern. Ohmsen ließ in aller Eile die Nahverteidigungsanlagen wieder besetzen. Außerdem konnten einige Soldaten zwei der alten französischen 7,5-cm-Feldkanonen, die bisher als Flak gedient hatten, reparieren. Die Geschütze wurden nun für den horizontalen Beschuß gegen die heranflutenden Amerikaner eingesetzt und der Angriff konnte abgeschlagen werden.

Inzwischen war es auch gelungen, das in der offenen Ringstellung stehende 21-cm-Geschütz wieder zur Seeseite drehen zu können. Sofort wurde wieder mit dem Beschuß des „Utah"-Strandes begonnen, auf dem sich mittlerweile eine große Menge amerikanischer Fahrzeuge angesammelt hatte, die in der Nacht und am frühen Morgen von riesigen Transportschiffen gerollt waren. Oberleutnant Ohmsen rapportierte: „Keine Treffer beobachtet."

Auch ließ der Batteriechef das Feuer auf neue, nun durch das breite Überschwemmungsgebiet vorrückende US-Truppen richten.

Im Lauf des Nachmittags erfolgte ein weiterer Infanterie-Angriff aus östlicher Richtung (aus St. Marcouf) auf die MKB.

Wieder feuerten die 7,5-cm-Kanonen auf die anrückenden Amerikaner – und wieder wurde der Angriff abgewehrt. Doch fielen während dieses heftigen Schießens beide französischen Feldkanonen ihrer eigenen Munition zum Opfer – durch sogenannte „Rohrkrepierer" *(Munition, die bereits im Rohr ihres Geschützes zur Explosion kommt).* Auch das Feuer der 21-cm-Kanone mußte wegen eines auftretenden Defektes den Beschuß des Strandes wieder einstellen. Man begann noch einmal zu reparieren. Trotz des neu einsetzenden Feuers von See her und der ständigen Jabo-Attacken ließ Batteriechef Ohmsen die noch einsatzfähigen Soldaten zur Nahverteidigung einteilen.

Die bereits zweimal zurückgeschlagenen Amerikaner hatten mittlerweile mehrere leichte Geschütze herangeholt und zwischen den beiden von St. Marcouf zum MKB-Stützpunkt führenden Wegen aufgestellt. Dann belegten sie das Areal mit zusätzlichem Beschuß. Ohmsen beschrieb später die Situation: „Vom Morgengrauen bis zur Abenddämmerung lag die Batterie unter schwerstem Feuer feindlicher Geschütze. Ab Nachmittag auch Beschuß von der Landseite. Hier und da heftige Angriffe durch Jagdbomber. Besonders schwere Verluste."

Starke, „gepanzerte" Telefonkabel verbanden sämtliche Unterstände miteinander. (Die heutige Höhe der Laufgräben entspricht jener der damals mit Tarnnetzen überdeckten.) **Foto: von Keusgen 2004**

Die beiden Munitionsbunker für Handfeuerwaffen vor der HKB-Kasematte Nr. 4 mit dem Flak-Stand (Vergl. s. Seite 94).
Fotos: von Keusgen

Karte rechts, Landung und Vorstoß amerikanischer Truppen bei „Utah".

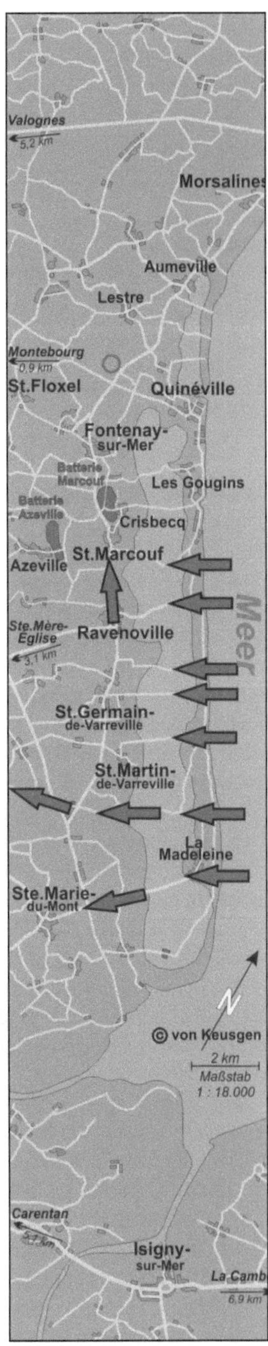

Als Ohmsen an diesem Abend einen telefonischen Situationsbericht an den Seekommandanten durchgab, teilte man ihm mit, daß er nun auch noch das EK I verliehen bekommen habe.

Die von Granateinschlägen gezeichnete Kasematte Nr. 3 mit ihrer inzwischen funktionsunfähigen Kanone (Vergleich siehe Seiten 36 und 38).
Foto: US National Archives

Auch die folgende Nacht brachte den Soldaten auf den Stützpunkten keine Ruhe. Ohmsen schilderte die Geschehnisse: „In der Nacht feindliches Störungsfeuer durch automatische Waffen. Ein vereinzelter Artillerieüberfall. In der Batterie suchten wir Schäden zu beseitigen. Maschinengewehre wurden in neue Stellungen gebracht, die Beschädigungen an einem 21-cm-Geschütz *(in der Ringstellung)* wurden mit Hilfe von Teilen der ausgefallenen Geschütze ausgebessert."

In dieser Nacht zum 8. Juni wagten die Amerikaner einen neuen Vorstoß in die Nähe der HKB Azeville. Von Osten und Süden her drangen immer mehr vereinzelte GIs in die kleine Ortschaft Azeville ein. Immer öfter schossen die deutschen Soldaten vom Stützpunkt aus Leuchtkugeln in den Nachthimmel, um die angrenzenden Wiesen und die lange Durchgangsstraße des Ortes zu erhellen – und immer öfter hämmerte das schwere MG von seiner Lafette im westlichen Beobachtungsbunker seine Geschosse die Dorfstraße hinunter.

Im Morgengrauen war fast ganz Azeville von den Amerikanern besetzt, die letzten deutschen Soldaten aus dem Dorf geworfen, die HKB ebenfalls fast gänzlich umstellt. Auf dem Kirchturm des Ortes hatten sie ein schweres MG in Stellung gebracht, um einem deutschen Gegenstoß entgegenwirken zu können. *(Wie sich erst viele Jahre später herausstellte, hatte Oberleutnant Kattnig angeordnet, daß keine eigenen Soldaten mehr zur Abwehr oder Verfolgung der Amerikaner in den Ort Azeville vorstoßen sollten. Er wollte somit verhindern, daß im Fall eines daraus entstehenden schweren Straßen- und Häuserkampfes die Bevölkerung nicht zusätzlich gefährdet würde – besonders durch die inzwischen herangerückten US-Panzer.)*

Am frühen Morgen des 8. Juni begann die MKB Marcouf wieder, mit dem 21-cm-Geschütz den Strand zu beschießen. Dazu Ohmsen:

„Nur ungefähr einstündiges Sperrfeuer, dessen Wirkung nicht beobachtet wurde. Danach fiel das Geschütz erneut aus."

Was der Batteriechef nicht wußte, war die prekäre Situation, in der sich sein Stützpunkt inzwischen befand. Die MKB Marcouf und die HKB Azeville stellten für die Amerikaner auf ihrem Vormarsch nach Norden höchst gefährliche Hindernisse dar. *(Die Amerikaner hatten für die Einnahme der Cotentin-Halbinsel einen vom obersten Führungsstab der Alliierten festgelegten Zeitplan einzuhalten.)* So waren bereits seit den frühen Morgenstunden des

8. Juni die im Schutz der Nacht herangerückten und verstärkten amerikanischen Truppen dabei, den MKB-Stützpunkt von seinem gesamten Umfeld weiträumig zu isolieren. Somit wurde für ihn jegliche Versorgung von außen fast unmöglich. Doch noch bevor sich der Ring um den Stützpunkt gänzlich schließen konnte, erschien Oberleutnant Geissler mit seiner 6. Kompanie des Infanterie-Regiments 919 auf dem Batteriegelände. Er war selbst nach einigen Verlusten mit seinem restlichen Trupp von 94 Männern von seinem Regiment abgeschnitten worden und hatte sich bis zur MKB durchgekämpft. Somit vergrößerte er wieder die stark dezimierte Streitmacht auf dem Stützpunkt.

Auf dem Gelände der HKB Azeville hatte sich die Situation indessen dramatisch verschlechtert. Von allen Seiten, jedoch nunmehr hauptsächlich aus Westen, wurde der Stützpunkt seit den frühen Morgenstunden massiv angegriffen. Mehrere Sherman-Panzer konnten über die unverminten Wiesen problemlos an das Batteriegelände heranfahren und eröffneten ihr Feuer. *(Erst wenige Tage vor dem D-Day waren einige Tellerminen bei der HKB eingetroffen, doch noch nicht verlegt worden.)* Hauptsächlich wurden die beiden 3,7-cm-Flaks auf den äußeren Kasematten beschossen. Ihre 360-Grad-Rundum-Wirkung hatte den Amerikanern bisher bei jedem ihrer Angriffe erhebliche Verluste zugefügt. Die improvisierte Flak-Stellung auf der Kasematte Nr. 1 erhielt einen Treffer von einer Panzergranate. Sandsäcke und Steinbrocken stoben auseinander, bereitgestellte Munition explodierte und die fünfköpfige Geschützmannschaft wurde schwer verwundet – die Kanone blieb intakt. Doch beim Manövrieren der Panzer fuhren zwei auf einige von der Stützpunktbesatzung aus Granatzündern selbst gebastelte Sprengkörper. Obwohl ihre explosive Wirkung nur gering war, so blieb ihre psychologische Wirkung nicht unerheblich. Die Amerikaner waren der Meinung, daß es sich um Minen handelte. Auch der heftige Beschuß durch deutsche Soldaten mit MGs und Karabinern ließ die GIs anfangs nur zögerlich vorgehen und abwarten. Dann zogen sich die Amerikaner zurück. Die Jabos und die Schiffsartillerie begannen wieder mit ihrem Beschuß.

Bild links: Die Kasematte Nr. 2 der HKB Azeville wurde nach dem Beschuß durch die Schiffsartillerie seit dem 8. Juni auch von Panzern beschossen. Mehrere Kanoniere waren Opfer der Granaten geworden, doch das 10,5-cm-Geschütz blieb bis zuletzt intakt (Vergleich siehe Seiten 36, 38 und 91).
Fotos: US National Archives

Oberleutnant Kattnig rief nun bei Hauptmann Dr. Treiber in der B-Stelle an und schilderte eindringlich die höchst prekäre Situation, in der sich der Stützpunkt und dessen Besatzung inzwischen befand. Der Verbandplatz in Azeville war durch die im Ort befindlichen Amerikaner für die Verwundeten nicht mehr erreichbar, die Bunker der HKB voller Verwundeter und Sterbender. Auf dem schwer beschädigten Stützpunkt lagen viele Tote – Deutsche und

Unter den GIs, die sich immer wieder dem HKB- und MKB-Stützpunkt näherten, gab es erhebliche Verluste. (Exakte Angaben darüber wurden seitens der Amerikaner niemals bekanntgegeben.)
Fotos: US National Archives

Amerikaner. Außerdem wurde die Artillerie-Munition knapp. Dr. Treiber riet Kattnig, Oberst Triepel darüber zu informieren und ihn zu ersuchen, eine Genehmigung zur Aufgabe der HKB zu erwirken.

Triepel hörte sich Kattnigs eindringliche Schilderung an und stellte ihm frei, sich zu ergeben. Doch gleichzeitig erklärte er dem Oberleutnant, daß man den Stützpunkt wieder befreien und ihn und seine Soldaten bald herausholen würde. Für den frühen Nachmittag sei sogar ein großer Gegenschlag der deutschen Luftwaffe angemeldet worden – außerdem würde man ihn für sein Aushalten mit dem Ritterkreuz auszeichnen...

Daraufhin hielt Kattnig noch mit Oberstleutnant Günther Keil, dem Kommandeur des Grenadier-Regiments 919, über Funk Rücksprache. Auch Keil sicherte Oberleutnant Kattnig zu, daß man ihn durch Pioniere und Infanterie mit Panzerabwehrkanonen unterstützen würde.

Am Morgen des 8. Juni befanden sich noch immer Hauptmann Rüttinger, Leutnant Schauer und Hans Blaschke auf dem MKB-Stützpunkt. Sie hielten sich gerade im Gefechtsstand auf, als ein Funker Ohmsen meldete, daß man einen unverschlüsselten Funkspruch der Amerikaner aufgefangen habe. Es hieß darin, daß die Küsten-Batterie Crisbecq *(wie die Amerikaner den Stützpunkt nannten)* bald von 40 Jabos angegriffen werden sollte.

Um 13:30 Uhr, zwei Stunden nach dem Funkspruch, erfolgte dann der Angriff der amerikanischen Jabos auf das Batteriegelände. Er dauerte 20 Minuten lang und wurde durch inzwischen nahe an das Batteriegelände herangebrachter Feldgeschütze und Granatwerfer unterstützt. Nachdem der Beschuß dann eingestellt wurde, rückten zwei Kompanien des 1. Bataillons des Infanterie-Regiments 22 vor – wieder von Osten.

Schon nach kurzer Zeit waren zwei Drittel des völlig verwüsteten Batteriegeländes von den Amerikanern besetzt. Die ehemals mehrreihigen Stacheldrahtverhaue waren längst zerrissen, die tiefen Laufgräben weitgehend eingebrochen, die Tarnnetze zerfetzt. Es kam zu heftigen Kampfhandlungen. Ohmsens Marine-Artilleristen und Oberleutnant Geisslers Infanteristen verteidigten sich standhaft mit Maschinengewehren, Karabinern und Handgranaten – doch waren bereits fast sämtliche Offiziere und Unteroffiziere verwundet. Ohmsens linke Hand wurde von einem verirrten Infanterie-Geschoß durchdrungen. Ein Sanitätsgast *(Marine-Sanitäter)* verband ihn notdürftig.

Auch der Soldat Hans Blaschke mußte sich an den Kampfhandlungen beteiligen. Mit Karabinern bewaffnet lagen er und ein junger Stützpunktsoldat in einem Granattrichter. Blaschke erzählte: „Irgendwann habe ich auf einen Amerikaner geschossen, aber der ist weitergesprungen. Einen Moment später bekam der junge Soldat neben mir eine Kugel ab. Er sagte, *Scheiße, ich muß sterben* – dann war er tot."

Überall lagen auf dem aufgerissenen, steinigen Erdreich Tote und Verwundete beider Nationen. Ein geordnetes Bergen und Behandeln der eigenen Verwundeten war längst nicht mehr möglich. Nur noch zwei Sanitätsgaste waren in der Lage, erste Wundversorgungen vorzunehmen. Es hätte dringend eines Arztes bedurft, doch war der, am Vormittag vom Verbandplatz von Azeville kommend, auf dem Weg zur MKB von einem Jabo getötet worden. In den halbunterirdischen Bunkern der Marine-Batterie lagen viele Verwundete und Schwerverwundete ohne ausreichende medizinische Versorgung. Dann gelang es den GIs, einige der deutschen Verteidiger auch noch in den eigenen Unterständen einzuschließen.

Noch während die Amerikaner auf das Batteriegelände vordrangen, ordnete Oberleutnant Ohmsen an, das wieder in Reparatur befindliche 21-cm-Geschütz sprengen zu lassen. Inzwischen beobachtete der Batteriechef von seiner Feuerleitstelle aus, daß amerikanische Soldaten den Beobachtungsbunker der HKB Azeville erkletterten. Sofort war ihm klar, daß die GIs die Besatzung der B-Stelle mittels Brandsätzen und Bangalores *(mit Sprengstoff gefüllte, zusammenschraubbare Metallrohre)* „ausräuchern" wollten.

Aus der Bunkerabdeckung der HKB-B-Stelle ragt die stählerne Beobachtungsglocke. (Obenauf die kleine Öffnung für das ausfahrbare Periskop, die mittels eines Stahldeckels von innen verschlossen werden konnte. Kleine Sehschlitze an der Seite der Kuppel ermöglichten einen zusätzlichen Rundumblick.)
Foto: ecpa>d

Hauptmann Dr. Treiber beschrieb seine Situation in der B-Stelle: „Der Kampf um die Batterie und die B-Stelle tobte hin und her. Dann saßen die Amerikaner auf meinem Bunker. Ich sah mein Ende kommen: In Stücke gerissen von einer geballten Ladung. Ich zog das Teleskop ein und schloß das Loch, damit ich keine Handgranate auf den Kopf bekam, und beobachtete die heranschleichenden Amis durch einen winzigen Schlitz in der Panzerkuppel. Höllenfeuer! Ich entschloß mich, mit den beiden noch intakten Geschützen *(jenen seiner HKB bei Azeville)* auf die Kuppel und die Bunker zu schießen, in dem ich mit Karl, einem Oberwachtmeister, drei Karten-Offizieren und zwei Fernmeldern saß."

Dr. Treiber erteilte seinem Batterieführer telefonisch den Feuerbefehl – und Kattnig ließ die letzten beiden intakten 10,5-cm-Geschütze auf die eigene B-Stelle schießen.

Ohmsen, der von Dr. Treiber vorher informiert worden war und die Aktion von seinem benachbarten Beobachtungsbunker aus verfolgen konnte, war sich darüber im Klaren, daß die Amerikaner nach diesem Prinzip schon bald seine eigene und nur 71 Meter entfernte B-Stelle samt Gefechtsstand sowie alle anderen Unterstände seines Stützpunktes zur Aufgabe zwingen würden. In Anbetracht dieser höchst bedrohlichen Situation rief Ohmsen dann auch bei Kattnig an, um ihn zu bitten, umgehend das Terrain der MKB Marcouf mit seinen Geschützen zu beschießen.

Wenige Augenblicke später schlugen die Granaten der HKB auf Ohmsens Batteriegelände ein. Da Oberleutnant Kattnig jedoch weder ausreichend instruiert war, noch von der rückwärtigen Position seiner Batterie aus erkennen konnte, wo sich die US-Soldaten auf dem MKB-Stützpunkt genau befanden, ließ er das Gelände nun von seinen Artilleristen in fast seiner gesamten Ausdehnung beschießen.

Die GIs auf dem Terrain der Marine-Batterie waren völlig überrascht, als plötzlich zwischen ihnen die Granaten einschlugen. Da die Amerikaner der Meinung waren, daß sie

*Batteriefführer Oberleutnant
Hans Kattnig – ein Offizier, der
nicht aufgeben wollte.*
Foto: Kollektion H. Kattnig

versehentlich von ihren eigenen Kriegsschiffen beschossen würden, begannen sie, sich rasch von dem weitläufigen Gelände zurückzuziehen.

Der schwere Beschuß der benachbarten Azeville-Batterie wirkte sich auf dem MKB-Stützpunkt jedoch nicht nur positiv aus. Viele der nicht vorgewarnten Soldaten der Batteriebesatzung und der 6. Kompanie wurden Opfer dieses von ihrem Chef selbst erbetenen Granatfeuers. Der halbunterirdische Unterstand des Typs R 502 SK wurde dreimal im Treppenaufgang zu einem der beiden Eingänge getroffen. Die dritte Granate durchschlug dann die vorher durch die beiden anderen Treffer zermürbte 80 Zentimeter dicke Wand des Bunkers. In dem Raum dahinter lagen auf den schmalen, 3-etagigen Betten etliche Verwundete, die auf medizinische Versorgung warteten, und einige noch unversehrte Soldaten hatten in diesem Raum Schutz vor den GIs gesucht. Niemand überlebte.

Mehrere Minuten lang hämmerten die 10,5-cm-Granaten der HKB Azeville auf das Marine-Batterie-Gelände ein. Die amerikanischen Soldaten verließen den Stützpunkt in solcher Eile, daß sie einen großen Teil ihrer Waffen, etliches Gerät und sogar einiges an Versorgungsgütern *(insbesondere Sanitätsmaterial)* zurückließen. Die zurückweichenden Amerikaner sollten von einer weiteren Kompanie unterstützt werden, doch artete der Rückzug der GIs geradezu in eine panische Flucht aus. Es war inzwischen 16:00 Uhr.

Nach dem Rückzug der Amerikaner setzte dann wieder der schwere Beschuß von See her ein. Hauptmann Dr. Treiber forderte dennoch von Ohmsen und Geissler, daß sie mit ihren Männern einen Gegenstoß unternehmen sollten – an dem sich Dr. Treiber persönlich beteiligte. So drängten die deutschen Soldaten den Gegner bis zum Einbruch der Dunkelheit weit über die Außenbereiche des Stützpunktes hinaus. Erst dem 3. Bataillon des US-Infanterie-Regiments 22 gelang es nach mehr als drei Kilometern, den Vorstoß der Deutschen hinter Dodainville, weit hinter St. Marcouf, aufzuhalten. Die Waffen, die von den GIs vorher in ihrer Panik auf dem Batteriegelände zurückgelassen wurden, waren Ohmsens Soldaten dabei von großem Nutzen. Die Verluste des amerikanischen Sturmbataillons betrugen mehr als fünfzig Prozent. 98 GIs wurden gefangengenommen – doch auch auf deutscher Seite waren die Verluste erheblich. Walter Ohmsen sagte später aus, daß man ohne das von den Amerikanern erbeutete Material nicht mehr lange hätte aushalten können. Die Waffen, Munition und besonders das Sanitätsmaterial waren der Stützpunktbesatzung von großem Nutzen.

Während die Kriegsschiffe die MKB mit stärksten Kalibern beschossen, hielt sich Hans Blaschke nun in einem der fünf Gruppenunterstände auf, in denen ebenfalls etliche Amerikaner gefangengehalten wurden. Blaschke beschrieb die Situation innerhalb der Bunker während des Beschusses: „Die Detonationen waren derart gewaltig, daß die schweren, gepanzerten Türen der Räume, in denen die Gefangenen saßen, immer wieder aufsprangen. Sie selbst zogen sie vorsichtshalber wieder zu. In einem der Räume saßen zitternd mehrere amerikanische Offiziere – die hatten mehr Angst als wir."

(Am selben Abend, gegen 2000 Uhr, wurden Hauptmann Rüttinger, Leutnant Schauer und der Soldat Hans Blaschke von zwei Krad-Meldern auf dem Sozius und im Beiwagen in Richtung Valognes mitgenommen.)

Nachdem die Amerikaner vom MKB-Stützpunkt verjagt worden waren, machte Dr. Treiber telefonisch Meldung und lieferte Oberst Triepel einen Situationsbericht, in dem er aber auch nachdrücklich auf die äußerst schwierige Lage hinwies – und darauf, daß seine Batterie kaum noch über Munition verfügte. Über dieses Telefonat schrieb Dr. Treiber später:

Blick in den Treppenabgang zum Unterstand R 502 SK, der dreimal nacheinander genau in seinem Eingang von den 10,5-cm-Granaten der HKB Azeville getroffen wurde.

Die dritte Granate durchschlug die bereits von zwei Treffern zermürbte 80 Zentimeter dicke Betonwand zur Mannschaftsunterkunft, in der sich zu diesem Zeitpunkt etliche Soldaten befanden. Der Explosionsdruck tötete alle. **Fotos: von Keusgen 2004**

*Oberleutnant Kattnigs Krimschild, den er am linken Ärmel seiner Uniform trug.
Der am 25.7.1942 gestiftete Krimschild wurde sämtlichen Wehrmachtsangehörigen verliehen, die in der Zeit vom 21.9.1941 bis 4.7.1942 an den Kämpfen um die Krim teilgenommen hatten.* **Abbildung: Archiv von Keusgen**

Die Kasematte Nr. 3 heute.
Foto: US National Archives

Eine der sechs völlig zerstörten 7,5-cm-Flak-Stellungen der MKB Marcouf. **Foto: von Keusgen 2004**

Standard-Modell einer zweiflügeligen Panzertür (auf der Pointe du Hoc).
Foto: von Keusgen 2004

Die nördliche Flanke der Kasematte Nr. 4. Eine 35,6-cm-Granate traf genau den integrierten MG-Stand und verschüttete dadurch eine weitere, direkt davor befindliche MG-Stellung samt ihrer zweiköpfigen Besatzung. Bild links: Die südliche Flanke und Scharte der mehrfach von Granaten getroffenen Kasematte Nr. 4 (s. Seite 92).

Die südliche Flanke und Scharte der mehrfach von Granaten getroffenen Kasematte Nr. 4 (s. Seite 92).

Bild oben: Das große Geschoß durchschlug die Wand zum Bereitschaftsraum und riß dabei den Boden über eine Länge von zwei Metern auf…

Bild links: Eine Steinlawine verschüttete nach dem Granateinschlag die offene MG-Stellung vor der Kasematte.

Die Rückseite der Kasematte Nr. 1, vor der sich am 9. Juni der letzte Akt des Azeville-Dramas zutrug (im Hintergrund, in nordwestlicher Richtung, die Kasematten Nr. 2, Nr. 3 und Nr. 4). **Foto: von Keusgen 2004**

Zwischen Oberst Triepel und Dr. Treiber wurde vereinbart, daß sich um Mitternacht der Rest der HKB-Besatzung unter Führung von Oberleutnant Kattnig an der kleinen Straßenkreuzung nahe der MKB Marcouf mit dem Batteriechef und den letzten acht Männern der B-Stelle treffen sollte. Zuvor mußten alle Waffen und Bunker zerstört werden. Dann sollte man sich bis zur Ginsterhöhe zurückziehen – bis zu Triepels Gefechtsstand. Doch Oberleutnant Kattnig versuchte, die Ausführung dieses Befehls hinauszuzögern, denn einerseits barg ein Auszug aus der Batterie in Anbetracht der starken Präsenz der Amerikaner nicht unerhebliche Gefahren, andererseits hatte man ihm selbst von höchster Stelle wiederholt Unterstützung versprochen. Hauptmann Dr. Treiber hingegen berief sich auf seinen Divisions-Befehl und ordnete noch am selben Abend an, die letzten der ehemals insgesamt 3.000 Granaten zu verschießen. Doch traf noch am späten Abend überraschend ein deutscher Lastwagen auf dem Batteriegelände ein, der weitere 350 10,5-cm-Granaten lieferte. Folglich war man doch noch nicht gänzlich vom Nachschub abgeschnitten – oder nicht mehr...

Oberleutnant Kattnig informierte nun einen der Batterie-Offiziere, Leutnant Schwarz, über Dr. Treibers Befehl zum Rückzug, stellte aber gleichzeitig klar, daß er persönlich die Stellung nicht aufgeben wollte, weil offenbar immer noch Nachschub durchkam und er sich auf die Zusage der Verstärkung berief. So ließ er den Soldaten mitteilen, daß er ihnen freistellte, ihre Posten auf dem Stützpunkt zu verlassen und sich zu Dr. Treiber abzusetzen. Nach kurzer Zeit erhielt Kattnig von dem Offizier die Nachricht, daß ihm sämtliche Soldaten treu blieben – egal wie er sich angesichts der schwierigen Situation weiter entscheiden würde. Darüber informierte nun Oberleutnant Kattnig seinen Chef in der B-Stelle. Dr.Treiber war äußerst verärgert. Er notierte:

Seit Tagen führte Kattnig nur noch direkte Gespräche mit dem Divisions-, Artillerie-, Regiments- und Bataillonskommandeur; ich konnte an der Ringleitung alles mithören. Kattnig widersetzte sich dem Rückzugbefehl, er wollte ausharren, obwohl die Batterie von allen Seiten von Amerikanern umgeben war, und trotzdem unsere Infanterie sich schon drei Kilometer von uns abgesetzt hatte.

In Österreich saßen an diesem Abend die Ehefrau des Oberleutnants Hans Kattnig und ihr 9-jähriger Sohn Gerd am Radio und lauschten den *Nachrichten von der Front*. Gerd Kattnig erinnerte sich: „Meine Mutter und ich haben im Radio gehört, daß der Papa tapfer in der Normandie durchhält. Man hatte bereits vom Oberleutnant Kattnig gesprochen, und daß er das Ritterkreuz bekommen sollte. Aber das hatte uns wenig interessiert – wir waren nur sehr besorgt um ihn."

In der Nacht zum 9. Juni wurde wieder repariert, was noch zu reparieren war. Wer von den deutschen Soldaten nicht zu erschöpft und zu schwer verwundet war, mußte im schwachen Schein der Taschenlampen arbeiten. Niemand wußte, wie die strategische Gesamtsituation aussah.

Zu dieser Zeit waren bereits sämtliche deutschen Truppen im Raum östlich der Cotentin-Halbinsel durch amerikanische Fallschirmjäger, Infanteristen und Panzer in heftige Kampfhandlungen verwickelt und weitgehend gebunden. Ein Zurückschlagen der Invasoren durch örtlich stationierte deutsche Truppen war bereits unmöglich geworden, vielmehr bewegten sich die noch marschfähigen Einheiten nach Norden.

Yvonne-Marianne Fafin beobachtete diese Truppenbewegungen bei Valognes: „Ich konnte vom Fenster aus sehen, daß sich in der Nacht sehr viele deutsche Soldaten eilig in Richtung Cherbourg bewegten – zu Fuß und mit Fahrrädern."

Nur noch mit stündlichen Salven beschossen die Kriegsschiffe der Alliierten in dieser Nacht die deutschen Stellungen. Plötzlich wurde die Kasematte Nr. 4 der HKB Azeville von einer 35,6-cm-Granate der „Nevada" rechts neben der Scharte getroffen. *(Die „Nevada" hatte inzwischen eine der HKB direkt gegenüberliegende Position bezogen.)* Die schwere Granate durchschlug die eineinhalb Meter dicke Betonwand der äußeren Flanke der Kasematte und detonierte in einer Ein-Mann-Ringstellung. Der MG-Schütze wurde völlig zerfetzt, die Bunkerflanke brach an dieser Stelle auseinander und verschüttete eine davor befindliche MG-Stellung samt ihrer Mannschaft. Auch die beiden Schützen einer anderen, in der Nähe befindlichen offenen MG-Stellung, die Gefreiten Hohner und Dittemann, wurden von den umherfliegenden Betonbrocken schwer verletzt.

Fast gleichzeitig erhielt dieselbe Kasematte einen weiteren Treffer direkt in den Schartenstand. Doch das 35,6-cm-Geschoß kam nicht zur Explosion, sondern durchschlug als „Blindgänger" die 1,5 Meter dicke, eisenmonierte Stahlbeton-Rückwand des Kampfraums, kam am Fußboden des Bereitschaftsraums unter den Betten heraus und riß einen fast zwei Meter langen, flachen Graben in den Betonboden. Von diesem abgeprallt, stieg das Geschoß wieder auf, durchschlug die Scharte der inneren Nahverteidigungsanlage und verschwand auf der anderen Seite des Bunkers. Bei ihrem Einschlag in dem Kampfraum der Kasematte hatte die Granate einen Wachtposten der Geschützbedienung zerfetzt, und bei ihrem Flug durch den geschlossenen Bereitschaftsraum tötete ihre Druckwelle zwölf bis zu diesem Moment erschöpft auf den Betten ruhende Soldaten. *(Eine weitere derartige Granate wurde im Jahr 1994 bei Arbeiten auf dem angrenzenden Acker fast dreihundert Meter hinter der Kasematte gefunden.)* Nach Feststellung der Verluste infolge des schweren Granateinschlags meldete Oberleutnant Kattnig den tragischen Zwischenfall telefonisch seinem Chef in der B-Stelle.

Erschüttert hörte sich Dr. Treiber die Schilderung seines Batterie-Offiziers an: „Ihr Fahrer, Unteroffizier Jooß, Unteroffizier Mößner, die Obergefreiten Raiber, Butscher, Matuka und Sauter, die Gefreiten Sarbach und Ziegenbalg, die Soldaten Kneisle und Schweiger, ein weiterer, erst kurz vorher eingetroffener Unteroffizier und ein Wachtmeister."

Nach den wiederholt fehlgeschlagenen Angriffen der Amerikaner auf die beiden Küsten-Batterien und den damit verbundenen eigenen Verlusten änderte der Kommandeur des US-Infanterie-Regiments 22, Oberst Tribolet, seine Taktik für den 9. Juni. Das Wetter hatte sich in den letzten Tagen deutlich verbessert, und der Tag brach mit einem strahlend blauen Himmel an. Tribolet gab den Angriff auf die MKB Marcouf auf und konzentrierte sich dafür auf die HKB Azeville. Der Oberst ließ dazu sein gesamtes 3. Bataillon auf die Anhöhe heraufbringen *(mit Ausnahme einer einzigen Kompanie, die deutsche Verteidigungspositionen am Strand bekämpfen mußte)*.

Kurz nach Anbruch der Dämmerung begannen die Amerikaner mit dem dritten großen Angriff auf die immer noch widerstandsfähige HKB Azeville. Zwei Kompanien hatten im Schutz der Nacht das gesamte Terrain umstellt und sich den Bunkeranlagen stellenweise bis auf weniger als einhundert Meter genähert. Die Amerikaner hatten mehrere 10,5-cm-Feldkanonen westlich und nördlich der HKB in Stellung gebracht und begannen nun mit dem Beschuß auf

Kampfraum der Kasematte Nr. 4, in den in der Nacht zum 9. Juni 1944 eine 35,6-cm-Granate einschlug, ohne zu detonieren.

...danach stieg die Granate wieder auf, verließ durch die Scharte der Nahverteidigungsanlage wieder den Raum und schlug nur wenige Meter dahinter fast senkrecht ins Erdreich ein. Alle zwölf Soldaten samt der von den Wänden gerissenen Feldbetten, sowie die Stühle und der Tisch wurden von dem ungeheuren Druck in die dem Einschlagloch gegenüberliegende Ecke geschleudert. Hans Kattnig schrieb später: „Alles war bis zur Unkenntlichkeit zerfetzt und häufte sich wie komprimiert bis zur Bunkerdecke."

Fotos: von Keusgen 2004

Der Flur der Kasematte Nr. 1 (Blickrichtung Eingang), in dem sich die Feuertragödie zugetragen hatte.
Es ist sehr wahrscheinlich, dass dieses erst 2001 in der Kasematte Nr. 1 gefundene, blutbefleckte Feldbett jenes ist, auf dem am 9. Juni 1944 der Batterieführer Hans Kattnig genau an dieser Stelle im Geschützraum unmittelbar hinter der Tür zu jenem Flur lag, in dem in diesem Moment die vier Soldaten verbrannten (Pfeil).

Spuren des schweren Artilleriebeschusses durch die benachbarte Batterie des Oberleutnants Lohner: Treffer unmittelbar im Eingangsbereich – direkt neben und in der Mitte der (ehemaligen) Panzertür, wodurch diese erheblich beschädigt wurde.

Fotos: von Keusgen 2004

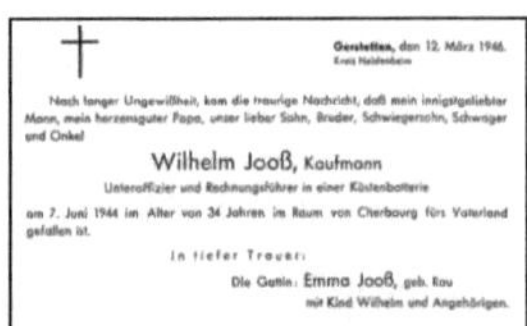

Gerstetten, den 12. März 1946.
Kreis Heidenheim

Nach langer Ungewißheit, kam die traurige Nachricht, daß mein innigstgeliebter Mann, mein herzensguter Papa, unser lieber Sohn, Bruder, Schwiegersohn, Schwager und Onkel

Wilhelm Jooß, Kaufmann

Unteroffizier und Rechnungsführer in einer Küstenbatterie

am 7. Juni 1944 im Alter von 34 Jahren im Raum von Cherbourg fürs Vaterland gefallen ist.

In tiefer Trauer:

Die Gattin: Emma Jooß, geb. Rau
mit Kind Wilhelm und Angehörigen.

Die Todesanzeige des in der Kasematte Nr. 4 gefallenen Wilhelm Jooß, die von seinen Familienangehörigen am 10. März 1946 aufgegeben wurde – erst dann hatten sie von seinem Tod erfahren: "Nach langer Ungewißheit kam die traurige Nachricht, daß mein innigstgeliebter Mann, mein herzensguter Papa, unser lieber Sohn, Bruder, Schwiegersohn, Schwager und Onkel Wilhelm Jooß, Kaufmann, Unteroffizier und Rechnungsführer in einer Küstenbatterie am 7. Juni 1944 im Alter von 34 Jahren im Raum von Cherbourg fürs Vaterland gefallen ist."

Foto: Kollektion H. Kattnig

Hauptwachtmeister Louis Schürger
Foto: Kollektion H. Kattnig

alle Beobachtungsposten, MG- und Granatwerfer-Positionen (zirka 1.500 Schuß).

Als Hauptwachtmeister Louis Schürger gerade den unterirdischen Gefechtsstand verlassen hatte, schlug eine Granate neben der Abdeckung des Tunnels ein, in dem er sich in diesem Moment befand. Von der Wucht der Detonation wurde die hölzerne Verschalung einer Seitenwand fortgesprengt und der Gang brach zusammen. Schwere Erdmassen verschütteten den Hauptwachtmeister. Geistesgegenwärtig rief ein anderer Soldat, der die Situation beobachtet hatte, zwei Kameraden zu Hilfe und Schürger konnte, wenn auch leicht verletzt, nach einigen Minuten geborgen werden *(den Rest seines Lebens litt er unter Klaustrophobie).*

Das Trommelfeuer auf die HKB wurde nach einer Stunde beendet, doch sturmreif geschossen war die Batterie immer noch nicht. Vereinzelte Infanterie-Vorstöße wurden sofort wieder zurückgeschlagen. In einer kurzen Feuerpause erkletterten Oberleutnant Kattnig und der 51-jährige Oberwachtmeister Walter Schauer die schräge Erdanschüttung zur Kasematte Nr. 1. Durch das Trommelfeuer war das 3,7-cm-Fla-Geschütz in seiner improvisierten Stellung auf der Bunkerabdeckung durch einen Granatsplitter beschädigt worden. In diesem Augenblick überflog ein deutsches Flugzeug den Stützpunkt. Hans Kattnig sagte später dazu: „Ein einziges Flugzeug flog eine Kurve über dem Batteriegelände und verschwand wieder. Das war der Moment, in dem mir klar wurde, daß die Alliierten nun den Luftraum beherrschten."

Während Kattnig und Schauer nun mit der Reparatur beschäftigt waren, näherte sich plötzlich auf der Straße, die aus dem Dorf zum Stützpunkt führt, ein Sherman-Panzer. Langsam schwenkte sein Kanonenrohr zur Kasematte hinüber, dann feuerte er. Die 7,5-cm-Granate traf mitten in die Flak-Stellung. Das Geschütz bekam einen Volltreffer und die umherfliegenden Granatsplitter verwundeten Kattnig und Schauer, der mitsamt der 3,7-cm-Kanone durch die Wucht der Explosion von der Kasematte gestoßen wurde. Hans Kattnig schrieb später über diese Situation: *Schauer war mein Flakzugführer und ein braver Kerl. Er versuchte noch mit mir in letzter Stunde ein Fla-Geschütz in Ordnung zu bringen, doch wurden wir beide vom Flak-Stand geschossen. Schauer hat es dabei wesentlich schwerer erwischt als mich.*

Die schwerer Verwundeten wurden von mir getrennt, und so weiß ich nichts weiter über sein Schicksal. (Walter Schauer überlebte seine Verwundungen; er wurde am 25.3.1946 aus amerikanischer Gefangenschaft in die Heimat entlassen.)

Aus eigener Kraft konnte Oberleutnant Kattnig die Böschung neben der Scharte hinunterkriechen. Seine Stirn war von mehreren kleinen Granat- und Steinsplittern getroffen

Die Azeville-Kasematte Nr. 1, auf der sich bis zum 9. Juni 1944 die Flak-Stellung befand, nach den Kampfhandlungen. In der Kasematte befand sich die zweite 10,5-cm-Kanone, die bis zum Ende der Kämpfe intakt geblieben war.
Foto: US National Archives

worden und sein Gesicht blutüberströmt. Sein linkes Knie war von einem weiteren, größeren Stahlsplitter verwundet, der Trainingsanzug, den er immer noch trug, zerfetzt und blutbesudelt. *(Nach dem Angriff der US-Fallschirmjäger in der Nacht zum 6. Juni war es weder ihm noch einem anderen Soldaten der HKB gelungen, sein Quartier in Azeville nochmals aufzusuchen.)* Dann wurde Kattnig von seinen Kanonieren direkt durch die große Scharte in den Geschützraum geschleppt und auf ein schnell auseinandergeklapptes Feldbett gelegt.

Da die Amerikaner auch durch diesen Beschuß mit ihren Feldkanonen und dem Panzer keinen offensichtlichen Erfolg erzielen konnten, sollte nun ein spezielles Demolation-Team *(Zerstörer-Trupp)* eine beiden Eingangstüren zur Kasematte Nr. 1 sprengen. Als man Oberleutnant Kattnig vom Vorgehen der Amerikaner unterrichtete, ließ er sofort seinen Kameraden, Oberleutnant Erwin Lohner, anfunken und ihn bitten, schnellstens Artilleriefeuer auf die HKB zu legen, um die Amerikaner wieder zu vertreiben. Außerdem wollte Kattnig nun doch mit den letzten Männern den Stützpunkt verlassen und den Rückzug antreten.

Kurz darauf schlugen Lohners Granaten nahe der Kasematte Nr. 1 zwischen den Soldaten des Demolation-Teams ein. So scheiterte auch dieses Unternehmen der Amerikaner. Oberleutnant Erwin Lohner schrieb am 3. Juli 1944 über diese Ereignisse an Ilse Kattnig: *Auf Funkanforderung von Hans schossen wir auf seine Batterie, um so den Eingeschlossenen die Möglichkeit zu einem Ausbruchversuch zu geben. Doch dieser Versuch glückte nur im Kleinen; ich sprach später mehreren Leuten, die aus dem Stützpunkt zurückkamen.*

Die Amerikaner starteten einen letzten Versuch, diese Kasematte zu eliminieren. Immer noch lag in ihrem Schartenstand Oberleutnant Kattnig auf dem Feldbett. Der US-Pionier-Soldat Ralph G. Riley sollte nun mit seinem Flammenwerfer versuchen, den Geschützbunker von hinten „auszuräuchern". Riley rannte im Hagel deutscher MG-Projektile, mit dem schweren Flammöl-Tank auf dem Rücken, bis in die unmittelbare Nähe des linken Eingangs. Dann unterlief er in gebückter Haltung mit nur vier schnellen Schritten den Karabiner in der Nahverteidigungsanlage und hockte sich vor die stählerne Eingangstür. Zufälligerweise

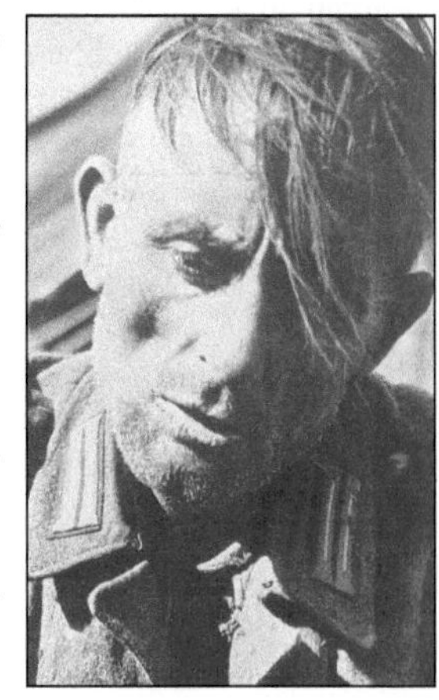

Ein von den schweren Kämpfen und der Erschöpfung gezeichneter deutscher Soldat.
Foto: Archiv Gerstenberg

war diese dicke, zweiflügelige, quergeteilte Panzertür während des frontalen Beschusses auf die Kasematte durch Oberleutnant Lohners Batterie kurz vorher von mehreren in der Eingangsnische detonierten Granaten stark beschädigt worden. Unter ihrem oberen Flügel war dadurch ein schmaler Spalt entstanden. Im Inneren der Kasematte waren indessen drei von diesen Geschehnissen nichts ahnende 17- und 18-jährige Ladekanoniere damit beschäftigt, vorsorglich für die nächsten Abschüsse ihrer 10,5-cm-Kanone Granaten und nur mit Pappe ummantelte Kartuschen *(hoch-explosive Treibladungen für Artillerie-Geschosse)* aus dem Munitionslager zu holen und im Flur bereitzustellen, nahe jener Tür, hinter der gerade Ralph Riley hockte. Auch an der Scharte der Nahverteidigungsanlage stand dicht neben dieser Tür ein Soldat. Riley entdeckte nun den schmalen Spalt in der Panzertür und ließ einen Moment lang das leicht entzündbare Flammöl in den Flur der Kasematte laufen. Da der Entzündungsmechanismus an dem Flammenwerfer ausgefallen war, mußte Riley das Öl an der Düse mit einem Streichholz anzünden – es war sein letztes. Dann drückte er die defekte, nur noch leicht spritzende Düse an den Türspalt. Als die vier Soldaten im Inneren des Bunkers bemerkten, daß sich eine große Lache des Flammöls auf dem Fußboden und zwischen den Kartuschen und Granaten ausgebreitet hatte, war es bereits zu spät – ein Feuerstrahl flammte auf, und einen Moment später war der Flur ausgefüllt von einem brennenden, krachenden Inferno. *(Ralph G. Riley erhielt später für seine Tat die Tapferkeitsauszeichnung „Silver Star".)*

Hinter der geschlossenen Panzertür zum Schartenstand konnten die Kanoniere die Schreie ihrer drei brennenden Kameraden hören. Auch Oberleutnant Kattnig lag zu dieser Zeit noch im Geschützraum. Noch bevor die Schreie verstummten, erhob er sich mit Hilfe eines seiner Soldaten von dem Feldbett und humpelte in den Bereitschaftsraum, in dem sich noch immer der gefangene US-Fallschirmjäger-Offizier befand. Kattnig war angesichts der zunehmenden Verluste verzweifelt. Das Blut rann ihm über das Gesicht, als er den Telefonhörer ans Ohr preßte. Hauptmann Dr. Treiber konnte Kattnigs Telefonate wieder mithören: „…Kattnigs verzweifelte Anrufe beim Divisions-General, Regiments- und Bataillonskommandeur – doch wurde er von allen im Stich gelassen. Dann rief mich Leutnant Schwarz an und erklärte, daß sich Kattnig erschießen wollte. Erregte Szenen am Telefon. Auf Kattnigs verzweifelte Schreie hin riet ich ihm, sich der Übermacht zu ergeben."

Dr. Treiber befahl Kattnig, den amerikanischen Oberleutnant ans Telefon zu holen. Der Batteriechef erklärte sodann dem US-Offizier, daß man sich nun ergeben wollte; er sollte zu seinen Leuten gehen und mit ihnen eine kampflose Übergabe vereinbaren. Dann instruierte Dr. Treiber seinen verzweifelten Batterieführer. Daraufhin zog Kattnig, der kaum noch stehen konnte, ein weißes Laken von einem der 12 Betten im Bereitschaftsraum und reichte es dem Amerikaner. Dann öffnete er ihm die Tür des Bunkers. Eine Minute später ging der US-Offizier langsam die Straße von Azeville hinunter – von seinem erhobenen rechten Arm hing das lange weiße Laken herab…

In den Minuten des Wartens sprach der Batteriechef mit einigen seiner letzten Stützpunkt-Soldaten am Telefon: „Wer noch konnte, nahm von mir Abschied. Die Tränen stürzten in Bächen über meine Wangen."

Es dauerte nicht lange, bis mehrere amerikanische Militärlastwagen vom Ort her auf das Batteriegelände und direkt vor die Kasematte Nr. 1 rollten – voll besetzt mit bewaffneten GIs. Es war 14:30 Uhr. Hans Kattnig stand vor dem Bunker, an die Betonwand gelehnt, und erwartete sie bereits. Der Offizier war müde und von den Splitterverwundungen gezeichnet. Immer wieder war frisches Blut aus den kleinen Wunden seiner Stirn ausgetreten und ihm über das Gesicht gelaufen. Von allen Seiten näherten sich die letzten und erschöpften Verteidiger der HKB Azeville mit erhobenen Händen. Die Männer waren verschmutzt, ihre Uniformen teilweise blutverschmiert und ihre Gesichter von langen Bartstoppeln verdunkelt. In einem dieser letzten Momente gelang es Leutnant Schwarz und fünf Soldaten, sich

unbemerkt abzusetzen. *(Diese Soldaten trafen am frühen Abend bei der motorisierten Batterie des Oberleutnants Lohner ein.)* Hans Kattnig schrieb später: *Immer wieder denke ich mit Stolz an meine Leute, die sich bis zum Letzten tapfer geschlagen haben. Es war für mich wohl das erschütterndste Drama meiner Kriegsgeschichte.*

Plötzlich kamen Kattnigs Spaniel angelaufen; irgend jemand hatte sie aus dem Gefechtsstand gelassen. Die beiden Hunde sprangen freudig an den zerrissenen Hosenbeinen von Kattnigs verschmutztem Trainingsanzug empor. Inzwischen waren die GIs von den Lastwagen gestiegen und umstellten den freien Platz vor der Kasematte mit ihren Gewehren im Anschlag. Dann mußten die deutschen Soldaten nacheinander auf die Fahrzeuge steigen. Die Schwerverwundeten wurden herangetragen und hinaufgehoben. Einige leichter verwunde-

te Männer kamen hinzu, und amerikanische Soldaten halfen ihnen, auf die Lastwagen zu klettern. Bevor Oberleutnant Kattnig als letzter auf das Fahrzeug mit den überlebenden Offizieren und Unteroffizieren klettern wollte, zeigte er auf seine beiden Hunde, die schwanzwedelnd um ihn herumliefen. Doch der US-Offizier, der an dem Wagen stand, schüttelte den

US-Militär-Polizei inspiziert die HKB-Kasematten. Doch GIs hatten bereits auffällig CLEAR OF BOOBY TRAPS an die Bunkerwand geschrieben (gesäubert von Stolperfallen; siehe Pfeile). **Fotos: US National Archives**

Kopf. Kattnig erklomm mühsam den LKW. Die Knieverwundung bereitete ihm dabei einige Schwierigkeiten. Die beiden letzten Offiziere halfen ihm. Dann wurde die Ladeflachte des Militärfahrzeugs hochgeklappt und der Wagen setzte sich in Bewegung, folgte den anderen durch die kleine Ortschaft Azeville. Noch lange rannten Kattnigs Hunde hinter dem Truck her – bis sie irgendwann zu erschöpft waren und in einem Hohlweg zurückblieben. Bruno und Nero sahen dem Lastwagen nach, bis er hinter einer Wegbiegung verschwunden war.

Von den insgesamt 253 Verteidigern (147 der HKB Azeville und 79 Soldaten von Oberleutnant Habels Batterie) befanden sich noch 8 Soldaten beim Batteriechef in der B-Stelle, 6 Mann konnten sich absetzen, 161 Mann gerieten in Gefangenschaft – fast alle waren verwundet. 78 Soldaten waren gefallen.

Dr. Treiber saß indes in der Beobachtungskuppel und sah amerikanische Panzer heranrollen. Sein Telefon klingelte gegen 15:00 Uhr: „Das Drama war vorüber – mein Rückzugbefehl."

Daraufhin setzte sich Dr. Treiber mit seinen letzten Leuten von der B-Stelle ab. Er schrieb darüber: *Ein trauriger Zug von Karl und sieben Mann, geführt von mir, bewegte sich durch metertiefe Trichter der Marcouf-Batterie zur Ginsterhöhe auf schmalen Wegen, denn jeder von uns mußte damit rechnen, aus einer Hecke oder von der Luft aus angeschossen zu werden. Die Geräte hatten wir zerstört. Großes Lob, Händeschütteln und große Versprechungen auf der Ginsterhöhe, dem Regimentsgefechtsstand.*

Dr. Treiber und seine Männer wurden zum Schloß Tourville geschickt, um sich dort einige Tage auszuruhen. Doch Dr. Treiber wurde noch am selben Tag zum Artillerie-Kommandeur gerufen. Bei Oberst Triepel traf er Leutnant Schwarz, der sich im letzten Moment, bevor die Stützpunktbesatzung in Gefangenschaft geraten war, noch mit fünf anderen Soldaten hatte absetzen können. Dr. Treiber berichtete: „Kattnigs Freund dort als Ankläger. Verhör. Bemerkung des Adjutanten: *Ritterkreuz oder Kriegsgerichtsfall...*"

Am 9. und 10. Juni erfolgten nach dem massiven deutschen Gegenstoß vom 8. Juni und dem konzentrierten Angriff am 9. Juni auf die HKB Azeville nur noch vereinzelte schwache Vorstöße amerikanischer Infanteristen bis in die Nähe des Stützpunktbereichs der MKB Marcouf. Doch wurden sie alle durch kurze, aber heftige Gegenwehr abgeschlagen. Der ständige Beschuß, abwechselnd durch die Schiffsartillerie und Jabos, hielt weiterhin an. Oberleutnant Ohmsen stand dennoch in direktem Kontakt mit dem Seekommandanten in Cherbourg. Die Verbindung war immer noch nicht unterbrochen. Ohmsen berichtete in sporadischen Telefonaten über die Situation im Bereich seines Stützpunktes, auch darüber, daß er kaum noch über Munition und dringend benötigtem Sanitätsmaterial verfügte.

Im Verlauf des 9. und 10. Juni wurden die amerikanischen Truppen zunehmend personell und mit Panzern verstärkt. Nach der Aufgabe der HKB Azeville konzentrierten sie sich nun auf die Einnahme der immer noch Widerstand leistenden MKB Marcouf. Die völlige Umschließung des Marine-Stützpunktes war gelungen. Nur im nördlichen Bereich, unterhalb des Batteriegeländes *(Richtung Quinéville)* lagen keine Amerikaner – dort befand sich das Überschwemmungsgebiet.

Am Nachmittag des 11. Juni, einem Sonntag, wurde Oberleutnant Ohmsen in seiner Gefechtsstelle vom Seekommandanten angerufen. Konteradmiral Hennecke ersuchte nun Ohmsen, mit dem Rest seiner Batteriebesatzung und den letzten Soldaten der 6. Kompanie einen Ausbruchversuch zu unternehmen und sich zu den nächsten, noch nicht von den Amerikanern eingeschlossenen deutschen Linien durchzukämpfen. Sie lagen inzwischen in rund acht Kilometern Entfernung in nördlicher Richtung. Auf die Sprengung der eigenen

Geschütze sollte unbedingt verzichtet werden, um den Feind keinen Verdacht schöpfen zu lassen, doch waren die Kanonen ohnehin alle längst unbrauchbar. Die 126 gefangenen Amerikaner blieben in den Unterständen eingeschlossen, damit sie den Abzug der Deutschen nicht verraten konnten.

Um kurz nach Mitternacht brachen 78 Mann *(der letzte Rest von ursprünglich insgesamt 311 Soldaten der MKB Marcouf und 95 Soldaten der 6. Kompanie des Infanterie-Regiments 919)* auf, um den Stützpunkt zu verlassen. Die Männer waren ausgezehrt von Müdigkeit, Überanstrengung, Entbehrungen und der andauernden psychischen Belastung durch den ständigen schweren Beschuß. Die überwiegend älteren Soldaten lebten am Rand völliger Erschöpfung. Fast alle Mannschaften waren blessiert, keiner der Offiziere war unverwundet. Von Ohmsens 24 Unteroffizieren hatten nur noch sieben überlebt – nur zwei von ihnen unverwundet. Dennoch schleppten sie vier transportfähige Verwundete auf Tragen mit. Zurück blieben 21 nicht mehr transportfähige Schwerverwundete, für die Ohmsen einen der beiden letzten Sanitäter zurückließ – einen Unteroffizier, der sich dazu freiwillig gemeldet hatte. Die sechs Tage dauernden Kampfhandlungen um den Stützpunkt der MKB Marcouf hatten allein auf deutscher Seite 307 Menschenleben gefordert.

Vorsichtig und Schritt für Schritt stolperte Ohmsens kleiner Trupp von dem von Leichen übersäten Terrain in die frühsommerliche, sternklare Nacht. Aus der Ferne grollte von allen Seiten das Schießen anhaltender Kampfhandlungen herüber. Die Soldaten passierten das Anwesen Pierreville, dann erreichten sie das Überschwemmungsgebiet. Langsam gingen die Männer weiter, bis ihnen das kalte Wasser fast bis zu den Hüften stand, in manchen Bodensenken reichte es ihnen sogar bis zur Brust. Die Tragen mit den stöhnenden Verwundeten mußten von den stärksten Männern auf den Schultern getragen werden. Der heimliche Ausbruch aus der eigenen Stellung, der weite Weg durch das unebene Überschwemmungsgebiet bis zu den deutschen Linien bei Aumeville machten den acht Kilometer weiten und mehr als drei Stunden dauernden Marsch zu einem schmerzhaften Leidensweg. In seinem Rapport vom 1. Juli 1944 lautet Ohmsens letzter Satz: *Disziplin und Kampfmoral der Batteriebesatzung war, mit wenigen Ausnahmen, gut bis zum Schluß.*

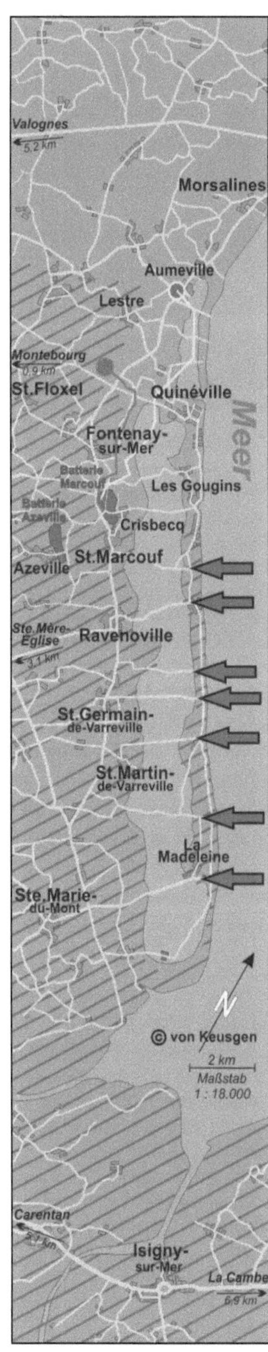

Der Rückzugweg des Hauptmanns Dr. Treiber am 9. Juni 1944 (hellgrün) zum Regimentsgefechtsstand im von den Amerikanern weitgehend eingenommenen Terrain (rot schraffiert = Situation vom 12. Juni) und Oberleutnant Ohmsens Rückzug am 12. Juni (gelb) bis Aumeville.

Danach...

Am 7.Juni telefonisch verliehen, wurde Oberleutnant Walter Ohmsen am 14. Juni 1944 das Eiserne Kreuz II. und I. Klasse ausgehändigt. Außerdem wurde er an diesem Tag auch noch mit dem Ritterkreuz des Eisernen Kreuzes und dem Marineartillerieabzeichen ausgezeichnet.
Foto: Archiv Gerstenberg

In der Nacht zum 12. Juni hatte der kleine Trupp von 78 Männern unter Ohmsens Führung bei Aumeville wieder die in den letzten zwei Tagen der Kampfhandlungen noch weiter nach Norden zurückgewichenen deutschen Linien erreicht. Die erschöpften Soldaten wurden medizinisch und mit Nahrungsmitteln versorgt, dann ruhten sie zwei Tage aus.

Am Morgen des 12. Juni 1944 ließ Generalmajor J. L. Collins ein Regiment der am 11. Juni am „Utah Beach" gelandeten 9. US-Division gegen die Marine-Küsten-Batterie Crisbecq vorgehen. Doch das 2. Bataillon des Infanterie-Regiments 39, unter Führung des Oberst Harry A. Flint, das sich auf heftige Kampfhandlungen vorbereitet hatte, fand das Batteriegelände verlassen vor; nur 21 Schwerverwundete und ein Sanitäter waren noch dort. *(Die Einnahme der Marine-Küsten-Batterie Crisbecq wurde im amerikanischen Heeresbericht verzeichnet – nicht aber, daß sie erst sechs Tage nach dem D-Day erfolgte.)* Auch das 1. und 3. Bataillon des US-Regiments drängte die letzten deutschen Truppen in harten Kämpfen aus ihren Stellungen zwischen Ravenoville und Fontenay. Doch war der deutsche Widerstand viel stärker, als man auf amerikanischer Seite vorher angenommen hatte.

Am 13. Juni gab das Oberkommando der Wehrmacht bekannt: *In der Normandie versuchte der Feind gestern, unter sehr starkem, anhaltenden Einsatz der Luftwaffe an zahlreichen Stellen seinen Brückenkopf nach Süden und Südwesten zu erweitern. Besonders heftig waren die Kämpfe dabei im Raum westlich Caen und südlich Bayeux. Bei der erfolgreichen Abwehr der feindlichen Angriffe wurden zahlreiche Panzer abgeschossen. Der Feind erlitt schwere blutige Verluste. Kampfflugzeuge erzielten bei der Bekämpfung der feindlichen Landungsflotte Bombenvolltreffer auf zwei größere Frachtschiffe. Über der Invasionsfront und den besetzten Westgebieten wurden 76 feindliche*

Das erste Foto nach der Ehrung: Oberleutnant Walter Ohmsen mit zwei Soldaten seiner ehemaligen Stützpunktbesatzung. Sämtliche Artilleristen waren medizinisch versorgt, hatten sich endlich richtig waschen und rasieren können und haben neue Uniformen erhalten.   **Foto: Bundesarchiv**

Flugzeuge zum Absturz gebracht. Der kommandierende General eines Armeekorps, General der Artillerie Marcks, der tapfere Verteidiger der Halbinsel Cherbourg, fand bei den schweren Kämpfen in vorderster Linie den Heldentod. Die Küstenartillerie des Heeres und der Kriegsmarine hat sich bei der Bekämpfung der feindlichen Landung hervorragend geschlagen. Besonders bewährt haben sich die Heeres-Küsten-Artillerie-Abteilungen 1254, 1255 und 1201 sowie die Marine-Küsten-Batterien Marcouf, La Pernelle und Longues.

Nachdem sich Oberleutnant Geissler auf Befehl von Oberst Triepel nach nur zwei Ruhetagen zur weiteren Verfügung mit den letzten Soldaten der 6. Kompanie einer anderen Einheit anschließen mußte, traf Oberleutnant Ohmsen mit seinen Männern am 14. Juni in der nur noch 2,7 Kilometer entfernten Küsten-Batterie Morsalines ein. Ohmsen wurde als Held gefeiert, erhielt noch am selben Tag das Marineartillerieabzeichen und wurde mit dem Ritterkreuz ausgezeichnet – als einer von nur zwei Soldaten der Kriegsmarine für ein Kommando an Land.

Am 15. Juni 1944 berichteten mehrere deutsche Tageszeitungen über den neuen Ritterkreuzträger Walter Ohmsen. Eine Berliner Tageszeitung schrieb unter der Überschrift *Die Batterie St. Marcouf: Der Führer verlieh auf Vorschlag des Oberbefehlshabers der Marine, Großadmiral Dönitz, dem Batteriechef der Marine-Küsten-Batterie Marcouf, Oberleutnant Walter Ohmsen, für seine kampfentscheidenden Tapferkeitstaten bei der Bekämpfung der Invasionsflotte das Ritterkreuz des Eisernen Kreuzes.*

Ohmsen hat als Erster den Beginn der Invasion gemeldet und damit die Voraussetzung für die Alarmierung der

Das Marineartillerieabzeichen wurde am 24. Juni 1941 gestiftet und an bewährte Angehörige der Marineartillerie als Anerkennung für einen erfolgreichen Einsatz bei der Luftabwehr verliehen.
Abbildung: Archiv von Keusgen

Das Ritterkreuz, die höchste Tapferkeitsauszeichnung des Dritten Reiches, wurde insgesamt 7.200 mal verliehen.
Abbildung: Archiv von Keusgen

Auf dem Friedhof von Saint Marcouf: Zwei von mehreren Gräbern der Bombenopfer des 6. Juni 1944. **Fotos: von Keusgen 2004**

Über Ohmsens Marine-Küsten-Batterie wurde auch in der als „Marine-Frontzeitung im Westen" bezeichneten Propaganda-Zeitung berichtet.
Abbildung: Archiv von Keusgen

gesamten westeuropäischen Küste geschaffen. In selbständigem Entschluß setzte er schlagartig und rücksichtslos trotz deckend liegendem Schlachtschiff-Feuer und schwerster Bombenangriffe seine Batterie bis zur letzten Möglichkeit zur Bekämpfung der Invasions-flotte ein und versenkte dabei einen Kreuzer und eine mit Munition beladene Schiffseinheit. Zahlreiche andere Fahrzeuge wurden beschädigt.

Durch seinen heldenhaften persönlichen Einsatz konnte er mit seinen tapferen Männern trotz schwerer eigener Verluste seine taktisch überaus wichtige Batterie halten, obwohl sie vom Feind eingeschlossen war. Er schuf dadurch die Möglichkeit zur Heranbringung eigenen Ersatzes und verhinderte die Ausweitung des Brückenkopfes und den vom Gegner geplanten Durchbruch bis zur Nordküste von Cotentin.

Bereits in der ersten Kampfphase der Invasion wurde Ohmsen verwundet, als er an der Spitze seiner Männer Landungseinheiten bekämpfte und sich gegen die im Rücken seiner Batterie gelandeten Fallschirmtruppen verteidigte. Er gab seine Batterie erst nach der völligen Zerstörung auf Befehl des Abschnittskommandeurs vorübergehend auf.

Nach den schweren Kampf-handlungen hatte sich die Familie Digeon auf einem ihrer Anwesen (Gourmont) wieder zusammengefunden. Die materiellen Schäden waren in vielen Orten groß, aber man war glücklich, wenn es in einer Familie keine Angehörigen zu beklagen gab.
Foto: Kollektion Y. Digeon

Eine andere deutsche Zeitung schrieb zwei Tage später unter der Überschrift *Küstenbatterie Marcouf alarmierte den Atlantikwall: Ein Markstein der unerschütterlichen Abwehrbereit-schaft der deutschen Küstenbatterien ist die wiederholt erwähnte Batterie des Oberleutnant Ohmsen, „Marcouf", der kürzlich mit dem Ritterkreuz zum Eisernen Kreuz ausgezeichnet wurde. Diese Batterie lag seit den ersten Minuten des feindlichen Angriffes auf die Festung Europa im Kampf gegen die Invasion. Als die Invasionsstreitkräfte in der kriegshistorischen Nacht zum 6. Juni gegen die normannische Küste vordrangen, platzten sie in das Feuer der bereits alarmierten deutschen Stützpunkte hinein. Diese totale Alarmierung der gesamten deutschen Kanalfront ist ebenfalls auf die Wachsamkeit der Batterie Ohmsen zurückzufüh-ren, die als erste die Annäherung der feindlichen Landungskräfte meldete.*

Im Verlauf der ersten Invasionswoche war die Küstenbatterie von Marcouf wiederholt eingeschlossen. Obschon bei der heldenhaften Verteidigung zwei Drittel der Besatzung aus-fielen, konnten Oberleutnant Ohmsen und seine Männer immer wieder verhindern, daß sich die englischen und amerikanischen Landungseinheiten auf diesem Stützpunkt festsetzten.

Über den weiteren Einsatz der letzten Soldaten der ehemaligen MKB Marcouf vermerkte Oberleutnant Ohmsen in seinem schriftlichen Rapport vom 1. Juli 1944: *Die stark reduzierte Batteriebesatzung wurde mit anderen zerschlagenen Einheiten zu einer Infanterie-Kompanie zusammengefaßt, deren Kampfwert jedoch gering war, da sie fast ganz und gar aus älteren Leuten bestand, die den Strapazen nicht gewachsen waren. Einige Tage später wurde auch das Batteriepersonal aus der Kompanie herausgezogen und auf andere Marine-Einheiten an der Küste verteilt.*

Am 20. Juni war nach heftigen Kämpfen die Festung Cherbourg endgültig von den Amerikanern eingeschlossen worden. In ihr befanden sich noch insgesamt 38.100 deutsche Soldaten (4.100 der Marine, 34.000 des Heeres und der Luftwaffe). Technik-Spezialisten und weibliche Wehrmachtangehörige konnten in den letzten Tagen noch mit Schnellbooten über See evakuiert werden. Am 26. Juni 1944 kapitulierte der Festungskommandant von Cherbourg, Generalleutnant von Schlieben. Einige Batterien der MAA 260, des HKAR 1261, des HKAR 1262 und des Artillerie-Regiments 1709 leisteten den Amerikanern noch bis zum 1. Juli 1944 erbitterten Widerstand.

Am 26. Juni geriet Oberleutnant Walter Ohmsen in Cherbourg in amerikanische Kriegsgefangenschaft.

Im Verlauf der Kampfhandlungen vom 6. Juni bis zum 12. Juni waren viele Menschen von St. Marcouf nach Dodainville geflüchtet. Auch hatten die Amerikaner, sofern es überhaupt möglich war, etliche Zivilisten aus den umkämpften Gebieten evakuiert. René Milet berichtete darüber:

„In der Gefahr, in der sich die Zivilisten an der Feuerlinie befanden, organisierten die Alliierten ihre Evakuierung. Zuerst wurden die Verletzten auf Tragen, über Wegabkürzungen

Luftaufnahme des zerstörten MKB-Stützpunktes nach der Einnahme durch die Amerikaner. Durch das intensive Bombardement war die Straße nach Crisbecq und zum Meer für jegliche Fahrzeuge völlig unpassierbar geworden, weshalb die Amerikaner die fünfte Ringstellung zwischen der Kasematte Nr. 2 und der B-Stelle zuschütten mußten, um somit eine Umgehung der Bombenkrater zu schaffen. Trotz der enormen Zerstörung des Terrains war die Bürobaracke des Batteriechefs unversehrt geblieben (Vergleich siehe Seiten 55 und 94). **Foto: US National Archives**

und von Soldaten beschützt, in Richtung Ravenoville transportiert. Erst zehn Tage später war es uns erlaubt, in unsere Häuser-Ruinen zurückzukehren, um endlich die Toten zu bergen und zu bestatten."

In den Tagen nach der Einnahme des küstennahen Hinterlandes durch die Amerikaner kehrte auch für die französische Bevölkerung langsam wieder Ruhe ein. Doch viele der zu ihren Häusern zurückkehrenden Franzosen standen dann vor einem Chaos oder dem Nichts.

In den Stallungen und auf den Weiden lagen zahlreiche getötete und verwundete Tiere. Die Einwohner von St. Marcouf suchten nach heilen Dachziegeln und Abdeckplanen, um sich provisorische Unterkünfte zu schaffen. Auch wurden Holzbaracken errichtet, um Familien darin unterbringen zu können, bis ihre Häuser wieder repariert oder neu aufgebaut waren. In der Zeit vom 1. April bis 11. Juni 1944 waren in St. Marcouf durch die Kampfhandlungen,

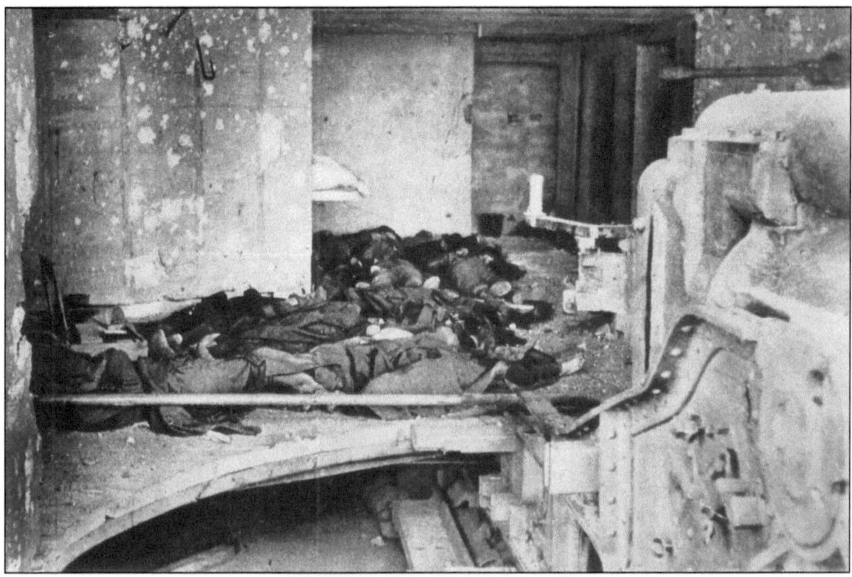

Bild oben: Im stark lädierten Geschützraum, hinter der gro-ßen Kanone, lagen die sieben toten Artilleristen noch mehr als zwei Wochen lang, bis sie abtransportiert wurden.

Bild links: Sämtliche 307 Leichen der auf dem Gelände der MKB Marcouf Gefallenen wurden erst in der dritten Juni-Woche von US-Soldaten abtransportiert und zu provi-sorischen Bestattungsplätzen westlich der 8,5 Kilometer entfernt gelegenen Kleinstadt Ste.-Mére-Église gebracht.

Fotos: US National Archives

hauptsächlich jedoch durch Bombardierungen, 36 Todesopfer zu beklagen *(allein durch das Bombardement in der Nacht zum 6. Juni verloren 30 Einwohner ihr Leben)*. In Azeville war eine Person ums Leben gekommen – ein Bauer, der nach seinen Tieren sehen wollte und dabei in die Kampflinie geraten war. Viele Menschen waren verletzt worden; einige mit lebenslangen Folgen.

Bereits wenige Tage nach der Landung und der Beendigung der Kampfhandlungen in der Küstenregion begannen die Amerikaner damit, auf den weitläufigen Wiesen zwischen Crisbecq und Azeville einen provisorischen Militärflughafen zu errichten. Die noch immer intakte Telefonleitung von der ehemaligen HKB Azeville zur ehemaligen MKB Marcouf war ihnen dazu sehr von Nutzen. Die schmale Landstraße, die von Azeville über Crisbecq nach Les Gougins an die Küste hinunterführte, wurde nun zu einem der Haupttransportwege. Die Sperren in den Bächen und die Deiche wurden entfernt, damit die Wassermassen aus den Überschwemmungsgebieten ablaufen konnten. Auf den ehemaligen deutschen Stützpunkten schoben die Amerikaner mit großen Planierraupen die Bombenkrater, Granattrichter und viele der Laufgräben zu.

Madame Marguerite Digeon, die trotz der regen Truppenbewegungen der Amerikaner noch mehrmals das Batteriegelände bei Crisbecq besuchte, machte dort eine ihr höchst befremdliche Beobachtung: „Die Amerikaner ließen die toten Deutschen noch mehr als zwei Wochen lang liegen, bevor sie abtransportiert wurden – schrecklich."

Auf dem Gelände der ehemaligen MKB Marcouf hielt sich für einige Wochen auch ein Trupp amerikanischer Pioniere auf. Sie waren damit beschäftigt, die deutschen Verteidigungsanlagen restlos zu zerstören. Dabei stellten sie auch verschiedene Versuche an, wie widerstandsfähig die Bunker tatsächlich waren. Zu diesem Zweck wurden diverse Sprengungen vorgenommen. Auch die große Kasematte Nr. 1 wurde zu einem Versuchsobjekt der US-Pioniere. Die Kraft der Explosion ließ den annähernd 8.000 Tonnen schweren, dickwandigen Geschützbunker regelrecht platzen – ohne jedoch dabei auseinander zu reißen. Aus der Rückwand wurde ein großer, rund 250 Tonnen wiegender Betonblock gerissen und

Bilder rechts: Die bereits von den Kampfhandlungen stark angeschlagene MKB-Kasematte Nr. 1 vor dem Sprengversuch der Amerikaner...

...und der Geschützbunker nach der Sprengung.
Fotos: US National Archives

Der 16-jährige Bernard Jaunet aus St. Floxel. (Vergleich siehe Seite 15).
Foto: Kollektion B. Jaunet

über die angrenzende Straße geschleudert. Die mächtigen Seitenwände waren durch die enorme Detonation einige Zentimeter nach außen gedrückt worden, die 3,5 Meter dicke und mehr als 1.200 Tonnen schwere Abdeckung hatte sich leicht angehoben. Die vorher teilweise einbetonierte, 40 Tonnen schwere Langrohrkanone flog durch die starke Explosion mehr als 20 Meter weit von der Kasematte fort.

Zum Zweck ihrer Spreng-Experimente brauchten die amerikanischen Pioniere erhebliche Mengen an Sprengstoff. Dieser wurde in den seitlichen Munitionskammern der Kasematte Nr. 2 deponiert, in denen sich auch noch etliche 21-cm-Granaten und viele *(teilweise undichte)* Kartuschen für die Langrohrkanonen befanden. Das hochexplosive Material blieb dort noch einige Wochen lang liegen.

Nachdem die Kampfhandlungen zwischen den Deutschen und den Amerikanern bereits weit von St. Marcouf, Crisbecq und Azeville entfernt stattfanden, besuchten viele schaulustige Franzosen aus der Umgebung die ehemaligen deutschen Stützpunkte. So kam im Juli 1944 auch der 16jährige Bernard Jaunet aus St. Floxel auf das immer noch von den Amerikanern besetzte Terrain bei Crisbecq. Er berichtete darüber: „Es waren sehr viele Amerikaner zu dieser Zeit auf dem Gelände, dennoch war es mir möglich, einfach überall hinzugehen, niemand hielt mich davon ab. Ich ging auch in den großen Geschützbunker

(Kasematte Nr. 2) und sah mir alles an. Da fiel mir auf, daß im hinteren Teil des Bunkers sehr viel Munition und Sprengstoff herumlag, zum Teil verstreut am Boden, Pulver und kleine dünne Stäbchen, die aussahen wie Spaghetti..." *(Es handelte sich hierbei um Diclycol, sogenanntes Röhrchenpulver, etwa sechs bis sieben Millimeter dick, das beim Abschuß besonders raucharm verbrennt, folglich vornehmlich von der Marine verwandt wurde.)*

Gegen Mittag des 21. August 1944 ereignete sich dann im hinteren Teil der Kasematte Nr. 2 eine gewaltige Explosion – dort, wo die Amerikaner ihre Massen an Sprengstoff gelagert hatten und sich in diesem Moment mehrere US-Soldaten aufhielten. Die enorme Vehemenz der Explosion stieß die dicken Außenwände derart weit auseinander, daß die mehr als 1.200 Tonnen schwere Bunkerdecke im hinteren Bereich bis auf den Boden einbrach. Soldaten, die sich sogar noch in einiger Entfernung vor der großen Scharte aufhielten, wurden von der Druckwelle noch mehrere Meter weit fortgestoßen und zum Teil lebensgefährlich verletzt. Die Männer, die sich im Moment der Explosion in der Kasematte befanden, wurden völlig zerfetzt, ihre Körperteile bis in weite Entfernung aus dem Bunker geschleudert. Auf dem Gelände herrschte augenblicklich totale Konfusion unter den Soldaten.

Die gewaltige Explosion war noch in sehr weitem Umkreis zu hören. Auch Bernard Jaunet vernahm den Donner im vier Kilometer entfernten St. Floxel. Er stieg auf sein Fahrrad und fuhr umher, um nach der Ursache zu suchen. Als er dann auf dem Terrain bei Crisbecq ankam, sah er, was geschehen war. Er erzählte: „Ich sah, daß bei den Amerikanern große Aufregung herrschte; alle rannten konfus durcheinander. Offenbar wußten sie noch gar nicht, wie es zu der Explosion gekommen war. Die Amerikaner versuchten dann, alle

Die MKB-Kasematte Nr. 2 nach der Explosion. Der ungeheure Druck hatte die beiden 3,5 Meter dicken Seitenwände auseinandergetrieben – hauptsächlich im hinteren Bereich und derart weit, daß die schwere Abdeckung bis auf den Boden einbrach. Die große Langrohrkanone wurde durch die starke Druckwelle aus ihrer Verankerung gerissen und sieben Meter weit aus dem Kampfraum gestoßen. Dabei schob sie die zerborstene Ziegelsteinvermauerung der Zerschellerplatte vor sich her (Vergleich siehe Seite 15).   **Foto: US National Archives**

Leichenteile, die in der ganzen Umgebung verstreut herumlagen, zusammenzutragen und die Soldaten wieder einigermaßen zusammenzusetzen. Ob es nur ein Stück Haut oder ein Knochen mit einem Fetzen Fleisch daran war, es wurde alles wieder zusammengesucht. Auch ein Militär-Pfarrer kam auf das Gelände."

Später berichtete ein GI, er habe beobachtet, daß einer seiner Kameraden mit einer brennenden Zigarette in den großen Geschützbunker gegangen war und damit offenbar die Katastrophe ausgelöst hatte – sie forderte zwölf Menschenleben und viele Schwerverletzte.

Dr. Hugo Treiber, Hans Kattnig und Walter Ohmsen – ihre Schicksale bis zum Ende des Krieges und danach

Dr. Hugo Treiber hatte mit seinen letzten acht Männern am 9. Juni 1944 seine B-Stelle auf dem Terrain der MKB Marcouf verlassen und sich befehlsgemäß zur Ginsterhöhe zurückgezogen. Danach hätten sie sich im Schloß Tourville für zwei Tage erholen sollen, doch noch am ersten Tag fanden auch dort durch die vorrückenden Amerikaner erste Kampfhandlungen statt. Dr. Hugo Treiber schrieb daüber: *Granaten und Bomben schlugen rings um Tourville ein. Die Batterie auf der Wiese vor dem Schloß zog das Feuer an. Wimmern, Stöhnen, Röcheln der Sterbenden und Schwerverwundeten auf dem Verbandplatz im Schloßpark. Ein Arzt leistete mit zwei Krankenträgern Unheimliches. Keine Ruhe nachts. Fallschirmjäger und Partisanen griffen an.*

Noch 16 Tage lang erlebte Dr. Treiber den Rückzug der deutschen Truppen auf Cherbourg und die dramatischen Kampfhandlungen mit. Über diese Tage notierte er *(auszugsweise)*:

Sonntag, 11. Juni

Das Morden wurde fürchterlich. Wie schrien und stöhnten die in Massen eingebrachten Verwundeten.

Montag, 12. Juni

Verwundete kamen, Verwundete gingen weiter ins Marine-Lazarett Cherbourg. Sie schrien und stöhnten, und so viele lagen im Todeskampf. Das Höllenfeuer dauerte an. Die Anlandungen gingen ungebremst weiter.

Dienstag, 13. Juni

Abmarsch um 3:00 Uhr nachts. Ein Pferdewagen nahm unser Gepäck auf. Auf Schleichwegen... Alle schriftlichen Befehle des Regiments-Stabes wurden in den Kaminen verbrannt...

Mittwoch, 14. Juni

Erster Schlaf! Erstes warmes Essen im „Maison de Carneville". Ein Zimmer und ein Bett wenn auch nicht sauber. Aufstellung der Totenliste.

Auszug aus der „Namentlichen Verlustmeldung" des Küsten-Artillerie-Regiments 1261 vom 29. Juni 1944, aus der (unter anderem) hervorgeht, daß sich der Rest der 2. Batterie ergeben hatte (als „übergelaufen" deklariert) – außer Hauptmann Dr. Treiber und den bei ihm befindlichen 8 Männern.

Abbildungen: Deutsche Dienststelle

Auszug aus der Verlustmeldung des Oberst Triepel vom 29. Juni 1944 mit der im Anhang befindlichen Aufstellung der im Raum Cherbourg vermißten Offiziere und Beamten des HKAR 1261, der zu entnehmen ist, daß Dr. Treiber zu dieser Zeit (nach der Kapitulation Cherbourgs am 26. Juni) als vermißt galt.

Abbildungen: Deutsche Dienststelle

Donnerstag, 15. Juni

Der Himmel war voller feindlicher Flieger – keiner der unsrigen. Man durfte sich bei Tag nicht sehen lassen, sonst war man des Todes…

Freitag, 16. Juni

Das war der Abschied meines Regiments-Kommandeurs. Dann verdrückte er sich… von der Ginsterhöhe nach rückwärts, auf Nimmerwiedersehen… und wir wurden unserem Schicksal überlassen – mit einem Heil Hitler!

Samstag, 17. Juni

Welche Fahrten auf dem Motorrad! Bombenkrater, Flieger, Bordwaffen, wild umherlaufende Pferde, zerrissene Kühe und Kälber, Einschläge, Abschüsse, rauchende, brennende Häuser, weinende Frauen und Kinder. Die Front hallte vom Geschützdonner wider. Partisanen und Fallschirmjäger in den Hecken. Karl blieb mein bester Freund und Kamerad.

Sonntag, 18. Juni: Nachmittags begann der Rückzug und der Auszug aus dem „Maison de Carneville" in die letzte Verteidigungsstellung bei Cherbourg. Kurze, heftige Beschießung der Ferme (= Gehöft). Schreien und Stöhnen. Einem Feldwebel, der II./1261 wurde das Bein unterhalb des Knies abgesägt… Ich brachte ihn in das Marine-Lazarett nach Cherbourg. Welch ein Anblick, welch ein Jammer! Welch ein Elend! Karl fuhr mit und half mir, den Schwerverwundeten einzuliefern. Er stöhnte, bat mich den ganzen Weg, schneller zu fahren, damit er nicht verblute…

Zum letzten Mal in Cherbourg. Die Amerikaner haben den Kreis um uns geschlossen. Wir waren in der Falle! Kein Ausweg mehr! Keine Hilfe! Kein deutscher Flieger! Niederschmetternd! Spät abends kam Major Zerweck (Kommandeur der II./1261) mit seinem Stab. Die 3./1261, 4./1261, 5./ 1261 und andere Batterien des HKAR 1261 kamen mit requirierten Pferden und von der Sockellafette wieder auf Räder gesetzte Kanonen. Das Drama begann. Wir bezogen Quartier im Hotel „Zum Luftzug" im grünen Wald und im Straßengraben.

Montag, 19. Juni

Seit einigen Tagen brennend heiß. Sonnenbrand… Spät abends bauten Karl und ich eine Schlafstelle im Graben. Jeder grub sich ein Loch, um sich vor Fliegern zu schützen. Am Abend nahmen zwei meiner Fernmelder von mir Abschied. Sie hatten gefallene Kameraden zu ersetzen.

Dienstag, 20. Juni

Um 14:00 Uhr Phosphor aus „Lightnings" (amerikanische Jagdbomber) auf den Wald, in dem ich darnieder lag. In wenigen Minuten stand der ganze Wald in Flammen, das halb dürre Farnkraut brannte lichterloh. Mit Mühe wälzte ich meinen kranken Körper an den Bach am Fuß des Waldabhangs. Der Wald wurde mit 12-mm-Bordwaffen systematisch abgestreut. Die Flugzeuge flogen knapp über den Wipfeln der Bäume dahin. Jedenfalls waren wir von der (französischen) Untergrundbewegung nach England hinüber verraten worden. Der Rauch des brennenden Waldes drohte mich zu ersticken. Manchmal mußte ich mich auf den Bauch legen, um den Rauchschwaden zu entgehen. Furchtbarer Anblick: Verwundete und Versprengte kamen von der gleich hinter der Anhöhe liegenden Front. Alle Waffen spielten ihr schauderhaftes Konzert auf. Munitionsdepots flogen in die Luft... Außer Karl blieben mir noch drei Leute von meiner Batterie – ein Hasenfuß von einem Oberwachtmeister und zwei Unteroffiziere. Das war das Ende der einst so stolzen und tüchtigen 2. Batterie 1261 aus Azeville, die seit dem ersten Invasionstag in der Hölle gewesen war.

Mittwoch, 21. Juni

Nachdem der Wald mit Bordwaffen und Phosphor angegriffen wurde und lichterloh brannte, konnten wir uns unmöglich länger halten... Wir zogen zum Schloßpark von Tourlaville (zwei Kilometer vor Cherbourg) und ließen allen unnötigen Ballast zurück. Die französische Bevölkerung stürzte sich gleich Geiern auf die Beute. Es kam zu den üblichen Szenen... Einschläge von Bomben und Granaten, wohin man auch schaute... Im Schloßpark von Tourlaville war die Hölle losgelassen. Ein Hauptmann aus Stuttgart riet mir, zu bleiben, wo ich war. Für mich gab es aber kein weiteres Aushalten im brennenden Wald. Wir versuchten, unter den Jahrhunderte alten Bäumen des Schloßparks zu schlafen. Unmöglich! Ich fror auf dem feuchten Waldboden, und der Höllenlärm der einschlagenden Granaten und Bomben ließ mich nicht zur Ruhe kommen. Karl lag neben mir... Pferde rannten angsterfüllt von einem Ende zum anderen. Alles lag kreuz und quer durcheinander. Der AbteilungsStab von Major Knögel geriet in einen Bordwaffenbeschuß von „Lightnings" und existierte danach nicht mehr.

Donnerstag, 22. Juni

Jeder grub sich ein Loch im Park, denn die Granaten schlugen zahlreich und sehr nahe ein. Die Schlacht tobte. Höllenlärm. In der Nacht schlief ich in einem zusammengefallenen Unterstand mit dem Zahlmeister zusammen.

Freitag, 23. Juni

Umzug in den Keller des Schlosses Tourlaville... Welch ungeheurer Luxus an Nahrung, Kleidung und Wohnung. Die seltensten Weine, Delikatessen und alles, was ich seit Jahren nicht mehr gegessen und getrunken habe. Hunderte von Versprengten und Drückebergern versuchten sich unter den Gewölben des Schloßkellers einzunisten... Einige betranken sich, während ihre Kameraden draußen um das Schloß herum starben... Über die Hälfte (des Stabspersonals) taugte nichts. Und doch hatten sie das beste Material an Menschen und Geräten, während wir anderen an der Front kranke Leute und mangelhaftes Material hatten. Um das Schloß herum war viel Artillerie, Flak und Panzerabwehrkanonen aufgestellt. Die Royal Air Force ließ jeden Tag und jede Nacht ihre „Eier" fallen. Rings um das Schloß tobte die Schlacht. Ich stand hoch im Schloßturm auf Beobachtungsposten. Am Abend begann Cherbourg an allen Ecken zu brennen. Links und rechts vom Schloß stießen amerikanische Panzer vor. Aus Cherbourg heraus trommelten unsere Nebelwerfer (Raketenwaffe) auf

Ein junger deutscher Soldat, der während der erbitterten Straßenkämpfe in Cherbourg im Gefecht mit drei GIs das Opfer einer Handgranate wurde.

Statt eines erhofften Wiedersehens erhielten wir die unfaßbare, schmerzliche Nachricht, daß unser lieber Sohn und Bruder
Obergefreiter

Karl Reichle

im 34. Lebensjahr in einem Gefangenenlager in Laon (Frankreich) unerwartet nach kurzer aber schwerer Krankheit verstorben ist. Wir bitten seiner im Gebete zu gedenken.

Saulborf, den 18. September 1946

In tiefer Trauer:

Gustav Reichle, zur „Krone"
Hedwig Reichle, geb. Kugler
Wilhelm Reichle

Seelenopfer am 26. Sept., ½ 10 Uhr in der Pfarrkirche zu Saulborf.

Todesanzeige für den Obergefreiten Karl Reichle vom 18.
September 1948: „Statt eines
erhofften Wiedersehens erhielten wir die unfaßbare, schreckliche Nachricht, daß unser
lieber Sohn und Bruder im 34.
Lebensjahr in einem Gefangenenlager in Laon unerwartet
nach kurzer aber schwerer
Krankheit verstorben ist."

sie ein und trieben sie wieder zurück. Von Schlaf und Ruhe war für mich keine Rede mehr. Ich war beinahe am Ende. Magenkrämpfe streckten mich aufs Lager. Karl war immer sehr besorgt um mich.

Samstag, 24. Juni

Der Kommandeur der Fallschirmtruppen suchte mit seinen Stabsoffizieren Schutz im Schloß. Sein Arzt gab mir ein Glas Eier-Cognac mit Opium-Tabletten, um meine Magenschmerzen zu lindern. Statt dessen bekomme ich Magenkrämpfe. Das Schloß bebte plötzlich – die Amerikaner kamen. Alles haute ab. Ich blieb mit Karl und den mir Anvertrauten.

Sonntag, 25. Juni

Die Schlacht tobte links und rechts vom Schloß. Rauchsäulen über Cherbourg. Ein schauriges Bild, gesehen vom Schloßturm aus. Furchtbare Stunden. Die Hölle auf dieser Erde...

Montag, 26. Juni

Morgens um 8:00 Uhr wurde das Schloß von den Amerikanern und französischen Widerstandskämpfern umstellt. Ein Haufen hungernder Frauen folgte ihnen auf dem Fuß. Panzerwagen und Infanterie. Bevor ich mich umsah, standen schon mehr als hundert versprengte Infanteristen mit erhobenen Händen im Hof. Die Wache war überwältigt. Es war um uns geschehen. Fußmarsch in Richtung Digosville, vorbei an zerschossenen Häusern und grinsenden Franzosen. Ein junger amerikanischer Hauptmann nahm sich meiner an und ließ mich in seinem Jeep Platz nehmen.

Auf einer Wiese Untersuchung. Aufnahme der Personalien. Trennung der Offiziere von den Mannschaften. Karl wurde von mir getrennt. Die Tränenbäche rannen ihm über die Wangen. Man nahm mir meine Armbanduhr und mein ganzes Geld ab. Weitertransport auf einem Jeep der Militär-Polizei... Kurzer Halt... Fußmarsch auf Feldwegen in strömendem Regen. „Dem alten Captain (Hauptmann) wollen wir mal amerikanische Schiffe zeigen", sagte ein Posten zum anderen, und alle schauten grinsend zu mir. Französinnen streckten die Zunge nach uns aus, Männer ballten die Fäuste gegen uns, die Militär-Polizei trieb

Bild links: Die zerstörte große Kirche von Valognes.
Foto: US National Archives

Das Grab des Obergefreiten Karl Reichle auf einem Militärfriedhof nahe Laon 1948.
Foto: Kollektion Dr. H. Treiber

uns wie Vieh. Nach dreißig Kilometern Fußmarsch endlich ein Sammellager. Am Eingang „unser Adolf" im Bild, mit Dreck überzogen. Karl kam an, auf einem Lastkraftwagen. Ich sah ihn zum letzten Mal. Abends im strömenden Regen weiter nach Valognes. Furchtbarer Anblick: Die große Kirche ein Trümmerhaufen. 600 Tote (Zivilisten) unter den Trümmern. Ausspuckende, johlende Weiber. Montebourg ein Trümmerhaufen. Sainte-Mère-Église ebenfalls. Ravenoville: Beide Seiten der Straße mit zugrunde gegangenen Flugzeugen bedeckt. Foucarville: Sammellager. Scharfe Bewachung. Keine Decken, kein Zelt... Regen, und die ganze Nacht frierend unter freiem Himmel. Ein junger Amerikaner meinte, ich könne froh sein, daß mir nicht die Kopfhaut abgezogen worden sei.

Seine Gefangenschaft verbrachte Dr. Hugo Treiber in Ascot in Großbritannien. Am 10. November 1945 wurde er nach fast 16 Monaten wieder nach Deutschland entlassen.

Bis 1947 besuchte Dr. Treiber noch die Hinterbliebenen seiner ehemaligen Stützpunkt-Soldaten, spendete ihnen Trost und klärte sie über die Geschehnisse zur Zeit der Invasion auf. Er hatte seine Soldaten gemocht – und sie ihn. Schwer hatten ihn die Todesnachrichten vieler dieser Männer getroffen, doch am schwersten traf ihn die Meldung vom Tod seines einstigen „Burschen", Karl Reichle. Der Obergefreite war sein treuester Gefährte in der Normandie gewesen und im Alter von 33 Jahren in einem Kriegsgefangenenlager in Laon verstorben. Über ihn hatte Dr. Treiber am 23. Juni 1945 an seine Frau geschrieben:

Ein prächtiger Mensch, voller Liebe und Güte. Am liebsten möchte ich mein Leben lang mit ihm zusammenbleiben.

Die Nachricht von Karl Reichles Tod erreichte Dr. Treiber durch einen Brief des Vaters an jenem Tag (dem 7. September 1946), an dem sein zweiter Sohn geboren wurde – und seinem treuen „Burschen" zu Ehren fügte er dem Taufnamen seines Sohnes Emil noch den Namen Karl hinzu.

Im Dezember 1947 nahm Dr. Treiber den Schuldienst in Ulm wieder auf. Am 1. Juli 1948 wurde er Leiter der Kaufmännischen Berufsschule, ab Juni 1949 Direktor der Höheren Handelsschule Geislingen und 1957 zum Studiendirektor ernannt. 1961 erfolgte seine offizielle Pensionierung, 1962 wurde ihm das Bundesverdienstkreuz am Bande „für Verdienste

Dr. Hugo Treiber im Alter von 68 Jahren – an jenem Tag, an dem ihm im Jahr 1962 das Bundesverdienstkreuz verliehen wurde.
Foto: Kollektion Dr. H. Treiber

um Volk und Schule" verliehen. Dr. Treiber unterrichtete trotz Pensionierung noch bis über sein 73. Lebensjahr hinaus, stellte sich gänzlich in den Dienst der Jugend und war ein außerordentlich beliebter Lehrer bei Schülern wie Kollegen. Dr. Treiber war Pädagoge aus Passion.

Ende der 50er Jahre wurde der ehemalige Batteriechef von dem Schriftsteller Paul Carell *(Paul Karl Schmidt)* in Hamburg angeschrieben, um ihn für sein Buch *Sie kommen!* zu befragen. Dr. Treiber gab bereitwillig und detailliert Auskunft – und ließ keinen Zweifel über seine militärische und politische Gesinnung. Auch stellte er Carell diverse persönliche Unterlagen zur Verfügung. Nach der Veröffentlichung des Buches war Dr. Treiber äußerst verärgert, da Carell seinen Namen mit keinem einzigen Wort erwähnt hatte. Vielmehr wurde es von Carell so dargestellt, als sei Oberleutnant Kattnig der Chef der 2. Batterie des HKAR 1261 gewesen. In seiner Empörung notierte Dr. Treiber in dem Buch und am Rande mehrerer Passagen, die Kattnig, Ohmsen und die Kampfhandlungen betrafen, *Lüge!* Seine dem Schriftsteller anvertrauten Unterlagen, mit denen Dr. Treiber seine militärische Position als Hauptmann und Batteriechef beweisen konnte, hatte Carell ihm niemals mehr zurückgeschickt.

Dr. Hugo Treiber verstarb am 19. Juli 1973 im Alter von 79 Jahren an einem plötzlichen Herzversagen.

Hans Kattnig wurde am 9. Juni 1944 mit seinen letzten überlebenden Batterieangehörigen mit US-Lastwagen von Azeville in den nur drei Kilometer entfernten Ort Joganville gebracht; dort hatten die Amerikaner am Ortsrand eine große Gefangenen-Sammelstelle eingerichtet. Die Verwundeten wurden in diesem Lager medizinisch versorgt und die Offiziere von den Mannschaften getrennt. Einige Tage später wurden die Kriegsgefangenen mit Landungsbooten vom „Utah Beach" zu großen Truppentransportschiffen, und mit denen nach Großbritannien gebracht.

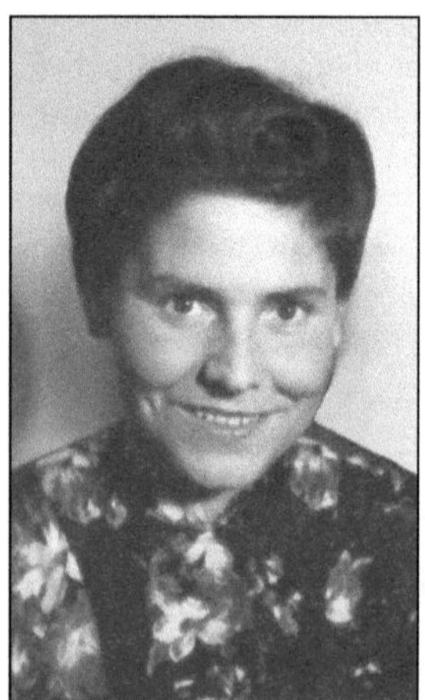

Ilse Kattnig 1944 – Hans Kattnigs Ehefrau.
Foto: Kollektion H. Kattnig

Ilse Kattnig hatte durch den Österreichischen Rundfunk bereits am 10. Juni erfahren, daß die Heeres-Küsten-Batterie Azeville „gefallen" war – jedoch nichts über das Schicksal ihres Ehemannes. Die erste Nachricht erhielt sie 10 Tage später über das Genfer Rote Kreuz: *Bin leicht verwundet in englischer Kriegsgefangenschaft.*

Erst in der zweiten Juli-Woche wurde Ilse Kattnig durch ein Schreiben des Oberleutnants Erwin Lohner genauer informiert – mehr als vier Wochen nach dem Fall der Azeville-Batterie. Darin schrieb er am 3. Juli 1944: *Hans ist mit dem größten Teil seiner Leute in Gefangenschaft geraten. So hart*

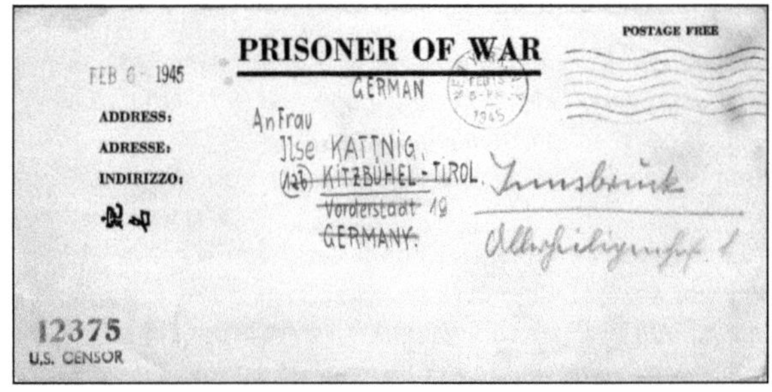

Brief des Oberleutnants Erwin Lohner an Ilse Kattnig, datiert: Im Westen, 3. Juli 1944.

Einer von Kattnigs Briefen aus der Gefangenschaft in den USA an seine Frau.
Abbildungen: Kollektion H. Kattnig

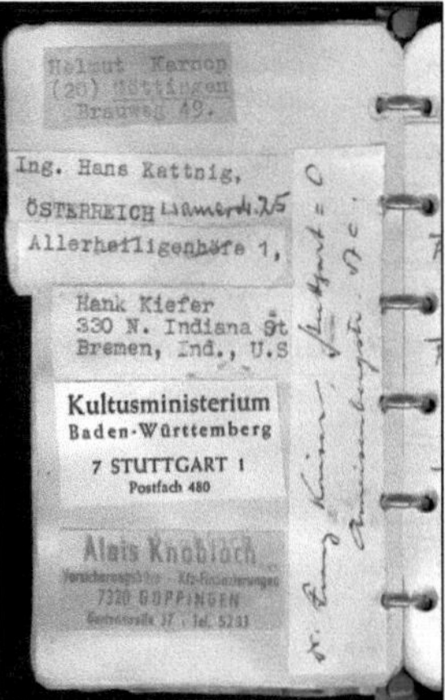

Bild links: Hans Kattnig 1982 – im Alter von 72 Jahren.
Foto: Kollektion H. Kattnig

Bild Mitte: ...Unter vielen Namen ehemaliger Stützpunktsoldaten der HKB Azeville oder deren Familienangehöriger auch die Anschrift Hans Kattnigs in Dr. Treibers Adreßbuch – bis zu seinem Lebensende.
Abbildung: Kollektion Dr. H. Treiber

dieses Schicksal für Sie, liebe Frau Kattnig, und auch besonders für Hans ist, so dürfte es für Sie doch eine Beruhigung sein, daß Hans gesund aus diesen schweren Kämpfen gekommen ist. Die Entwicklung der Kämpfe, welche Tage darauf mit einer Einschließung der Halbinsel endeten, und in deren Ring auch Hauptmann Treiber sein dürfte, bestärkte mich, zum Bleistift zu greifen. Ich bin mit meiner Batterie in letzter Stunde entlang der Westküste (der Cotentin-Halbinsel) aus dem Einschließungsring befohlen worden. Es war eine Nacht, die man niemals mehr vergessen wird.

Seinen ersten Brief schrieb Hans Kattnig dann am 4. Juli aus Großbritannien: *Mein Liebstes, liebe Kinder, meine Lieben! Der Übermacht erlegen bin ich mit dem Rest meiner Leute in Gefangenschaft geraten. Habe einige kleine Granatsplitter auf der Stirn und einen Splitter am Knie abbekommen, doch es ist schon ziemlich abgeheilt.*

Über seinen Batteriechef, Hauptmann Dr. Treiber, schrieb Kattnig: *Von Hugo weiß ich nichts, da er auf der B-Stelle war.*

In einem weiteren Brief vom 28. Juli 1944 kam Hans Kattnig noch einmal seiner Verantwortung als ehemaliger Batterieführer seiner Soldaten nach. Er schrieb seiner Frau:

Wahrscheinlich werden verschiedene Frauen von Männern von mir bei Dir anfragen; und da ich keine Möglichkeit habe und keine Adressen besitze, so kannst Du vielleicht antworten. Gefallen sind (Kattnig erwähnt hier nur die Österreicher) Unteroffizier Möhmer, Unteroffizier Yvos, Obergefreiter Burtscher, Kreiple, Reiber, Moteyka, Saner und Gefreiter Sorbuch. Was mit den Verwundeten geschehen ist, weiß ich nicht, da sie zum größten Teil mit in Gefangenschaft geraten sind.

In diesem Schreiben bat er seine Frau auch, einen Bezugsschein für eine neue Uniform zu besorgen und ihm diese nach Großbritannien zu schicken, weil er mit dem Trainingsanzug bekleidet in Gefangenschaft geraten war.

Im Juli 1944 wurde der größte Teil der Überlebenden der ehemaligen Stützpunkt-Besatzung in ein Kriegsgefangenenlager nach Kanada verschifft. Anfang August verlegte man Hans Kattnig mit weiteren Offizieren in ein anderes Kriegsgefangenenlager in die Vereinigten Staaten. Am 11. Februar 1946 wurde er wieder in seine Heimat entlassen.

Nachdem Hans Kattnig und etliche andere aus der Gefangenschaft Entlassene auf dem Bahnhof in Salzburg gerade eingetroffen waren *(immer noch als Kriegsgefangene auf ihren Uniformen gekennzeichnet mit den auffälligen Buchstaben PoW = Prisoner of War)*, wurden sie von den Passanten als Nazi-Schweine beschimpft und bespuckt. Gerd Kattnig sagte später dazu: „Mein Vater war von seinen Landsleuten sehr enttäuscht. Natürlich hatte er nicht erwartet, daß sie mit Jubel empfangen würden, aber er war doch der Meinung, nur seiner Pflicht nachgekommen zu sein…"

Schon bald nach seiner Rückkehr in die Heimat begann sich Hans Kattnig über viele Jahre mit anderen ehemaligen Batteriechefs und Soldaten aus der Normandie in seinem Haus in Innsbruck zu treffen, um gemeinsam Informationen über die Militärzeit auszutauschen.

Hans Kattnig (vorn, mit Sonnenbrille) war, genau wie Dr. Treiber, den Soldaten seines Stützpunktes sehr verbunden. Am Morgen des 27. Mai 1944 kam er mit dem 2. Zug seiner Batterie von einem Nachtmarsch zurück. Wegen der Wärme an diesem Tag hatte er Marscherleichterung ohne Kopfbedeckung angeordnet. 10 Tage später begann die Invasion bei kaltem, windigen Wetter; weitere 10 Tage danach waren alle diese Männer in amerikanische Kriegsgefangenschaft geraten – oder gefallen.

Foto: Kollektion H. Kattnig

Auch stellte sich Kattnig als Informant für Paul Carell zur Verfügung. Nach einer anfänglichen Begeisterung für den Schriftsteller war er jedoch ebenfalls von dessen Buchpublikation *Sie kommen!* sehr enttäuscht und mit den Fehldarstellungen, unterlassenen und nur oberflächlichen Informationen überhaupt nicht einverstanden.

Ein Bild aus längst vergangenen Zeiten: Der erste und der zweite Mann der schweren HKB Azeville. Der Chef mit einer Pauke mit einem verbeulten Becken, an das er einen leeren, metallenen MG-Gurt gehängt hatte, damit es richtig "zischte", und ein Batterieführer, der auf der falschen Seite seines an einem Bindfaden umgehängten Instruments trommelte (offenbar ohne Kenntnis, denn er hielt die Trommelstöcke falsch) – zwei Männer, die sich in einem unmenschlichen Krieg dennoch ihre Menschlichkeit bewahrt hatten. **Foto: Kollektion H. Kattnig**

Inzwischen war Hans Kattnig als Prokurist einer großen Lampenfabrik tätig *(bis zu seiner Pensionierung)*, an dessen Aufbau er persönlich maßgeblichen Anteil hatte. Viele Jahre lang beschäftigte er sich noch mit den Geschehnissen des Krieges, besonders der Zeit in der Normandie.

In den 50er Jahren war er noch einmal für ein paar Stunden nach Azeville zurückgekehrt – hatte sich den Einwohnern der kleinen Ortschaft aber nicht zu erkennen gegeben. Bis zu seinem Tod machte sich Hans Kattnig immer wieder große Vorwürfe, im Juni 1944 nicht früher kapituliert zu haben. So war er der Meinung, daß seinetwegen viele Menschen sterben mußten, besonders viele junge.

Hans Kattnig verstarb am 8. März 1988 im Alter von 77 Jahren.

Der Krieg hatte Dr. Hugo Treiber und Hans Kattnig zu Freunden werden lassen – und der Krieg hatte diese Freundschaft wieder infrage gestellt. Erst Mitte der 1950er Jahre nahmen Dr. Treiber und Hans Kattnig wieder Kontakt zueinander auf und besuchten sich mehrmals. Beide litten den Rest ihres Lebens unter dem Trauma des Krieges, und sie sprachen oft über die letzten Tage und die bewegenden Ereignisse auf dem HKB-Stützpunkt aus, aber *(so erklärten die Söhne der beiden ehemaligen Offiziere)* zu Walter Ohmsen nahmen sie niemals Kontakt auf.

Walter Ohmsen wurde am 15. März 1946 aus der amerikanischen Kriegsgefangenschaft entlassen. Bis 1956 arbeitete Ohmsen als Sachbearbeiter in der Landesregierung und Büroleiter einer Kieler Behörde. Am 16. März 1956 trat er als Kapitänleutnant in die Bundesmarine ein, wurde am 1.7.1957 zum Korvettenkapitän und am 13.8.1965 zum Fregattenkapitän befördert. Am 30.9.1967 wurde er pensioniert.

In den folgenden Jahren stand Walter Ohmsen mehr im öffentlichen Leben und bekleidete verschiedene Ehrenämter, war zwischen 1968 und 1978 mitverantwortlicher Organisator der Segel-Olympiade und von Großseglertreffen. Vom 1.4.1970 bis zum 30.4.1978 war Walter Ohmsen Mitglied der Ratsversammlung der Stadt Kiel, engagierte sich für die Versorgung der Kriegsopfer und die Unterbringung der Obdachlosen der Stadt und war als

Dezernent für den Ausbau des Städtischen Krankenhauses tätig. Der Stadtrat Ohmsen wurde mit der Freiherr-vom-Stein-Gedenkmedaille sowie dem Bundesverdienstkreuz beider Klassen ausgezeichnet.

Aufgrund einer persönlichen Einladung des Besitzers des Schlosses von Fontenay, in dem sich Ohmsen einst als Batteriechef in der Normandie einquartiert hatte, war es immer Zeit sein Wunsch gewesen, nochmals dorthin und nach Crisbecq zurückzukehren, jedoch hätte es eines Fahrers und eines Dolmetschers bedurft. Da Walter Ohmsen aber niemanden in seinem Bekanntenkreis fand, sah er das Gelände seiner ehemaligen Marine-Küsten-Batterie niemals wieder. Von seiner Zeit während des Krieges erzählte der eher schweigsame Fregattenkapitän a. D. in der Öffentlichkeit nur, wenn er darauf angesprochen wurde – sachlich und ohne jedes Pathos.

Walter Ohmsen verstarb am 19. Februar 1988 in seiner Wahlheimat Kiel im Alter von 77 Jahren.

Die Freilicht-Museen der Batterien Azeville und Crisbecq

Nach 1944 gab es für die französischen Bauern in den ehemaligen Kampfgebieten immer noch große Probleme. Der Boden ihres Weidelandes war zerbombt und nicht selten durch giftige Substanzen verseucht. Auch die überall auf den Feldern und in den Wäldern herumliegende Munition, Bomben, Sprengstoffe und „Blindgänger" stellten für sie ein nicht unerhebliches Risiko dar. Die Amerikaner hatten fast überall und in aller Eile nach der Einnahme der deutschen Stellungen diese mittels großer Militär-Bulldozer planiert, dabei viel hochexplosives und giftiges Material mit begraben.

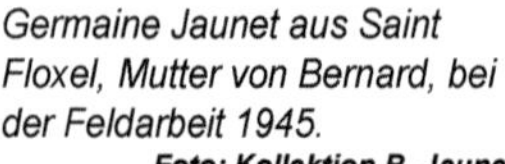

Von 1941 bis 1944 war dieses Terrain der Stützpunkt der HKB Azeville – seit Ende des Krieges ist es wieder Weideland (Blick in süd-östliche Richtung; im Vordergrund der nördlichste Unterstand, ein Beobachtungsbunker; im Hintergrund die Kasematten Nr. 4 bis Nr. 1).

Foto: von Keusgen 2004

Bei Aufräumungsarbeiten im Jahr 2004 auf dem Gelände der damaligen MKB Marcouf gefundene Artilleriemunition – vom 7,5-cm-Kaliber bis 21-cm-Granaten. **Foto: von Keusgen 2004**

Knapp 40 Zentimeter ragten noch von den Ringstellungen aus dem Erdboden.

Erst nachdem Bäume und Sträucher beseitigt wurden, kamen die Reste der Laufgräben vor den überwachsenen Unterständen zum Vorschein. Zwar waren diese Gräben 1944 von den Amerikanern bei den Planierungsarbeiten völlig zugeschüttet worden, doch hatte sich das damals lose Erdreich über sechs Jahrzehnte durch Erosion wieder gesenkt; als Folge davon liefen die Unterstände voll Regenwasser.

Fotos: von Keusgen 2004

So wie dieser MKB-Unterstand des Typs L 410 waren im Laufe von 60 Jahren alle Bunker zugewachsen. Im Eingang ist der Farbton (goldocker) zu erkennen, mit dem einst sämtliche Gänge und Räume aller Unterstände gestrichen wurden. *Foto: von Keusgen 2004*

Die Folgen der diversen Sprengungen durch US-Pioniere: Die zerstörte Flak-Stellung und die Vertiefung in der Abdeckung des Beobachtungsbunkers der MKB Marcouf, aus der damals die stählerne Beobachtungskuppel ragte.

Da bei den Sprengungen der Bunker auch deutsche Granaten zum Zweck ihrer Vernichtung mit gezündet wurden (wie hier in der B-Stelle der MKB), waren alle Wände, die Decke sowie der Fußboden von Stahlsplittern aufgerissen.

Fotos: von Keusgen 2004

Was an Laufgräben und Bombenkratern auf dem Stützpunkt bei Azeville von den Amerikanern 1944 nicht zugeschüttet wurde, planierten die Bauern noch während des letzten Kriegsjahres, um so aus dem Terrain wieder das zu machen, was es vor dem Krieg war – Weideland.

Während die alten Bunkeranlagen bei Azeville schon bald nach dem Krieg den interessierten Besuchern auf einer großen grünen Weide zugänglich waren, so nahm bei Crisbecq die Natur Besitz von der dortigen alten, zugeschütteten Anlage. Flechten und Moose begannen die grauen Betonwände zu bedecken, dann überrankte dichtes Efeu die einstige Kampfstätte. Ende der 90er Jahre bildeten hohe Bäume und dichtes Gestrüpp ein fast undurchdringliches Hindernis beim Aufsuchen der alten Militär-Anlage; lediglich ein schmaler „Trampelpfad" führte von der Landstraße zur nur 34 Meter davon entfernten Ruine der Kasematte Nr. 2.

Für den Bauern des Stützpunktgeländes bei Crisbecq war eine Rekultivierung seines Ackerlandes eher sinnlos, denn zu viele Unterstände, Ringstellungen, Bunker, Stahl- und Eisenschrott hätten Aufwendungen erfordert, die durch Weideland allein nicht gerechtfertigt erschienen. So wurde lediglich das von der Batterieanlage nur wenig in Mitleidenschaft gezogene Land im Umfeld der Kasematte Nr. 1 bis zur Ortschaft Crisbecq und um die beiden B-Stellen herum wieder für eine landwirtschaftliche Nutzung rekultiviert. Schrotthändler kamen und demontierten die alten Geschütze, bauten die Panzertüren und jede Art von Metall aus den Bunkern aus, das die Amerikaner nach ihren Test-Sprengungen zurückgelassen hatten. Was den Bauern ein Nachteil war, wurde für die normannischen Schrotthändler ein Segen. Die mehrere Tonnen schweren stählernen Beobachtungsglocken waren bereits durch die gewaltigen Sprengungen aus den Bunkerabdeckungen herausgelöst worden.

Auf dem MKB-Terrain befinden sich noch heute drei Gravuren im Beton: 1944.

Im Februar 2004 erwarb der 31-jährige Philippe Tanne das Grundstück der ehemaligen Marine-Küsten-Batterie nahe Crisbecq von seinem bisherigen Eigentümer. Zusammen mit seiner Ehefrau Céline und zwei Freunden wurde innerhalb von drei Monaten intensiver, harter und nicht ungefährlicher Arbeit fast die gesamte, vier Hektar große Anlage wieder freigelegt. Drainage-Rinnen mußten gegraben, Grundwasser aus den Bunkern gepumpt und noch scharfe Munition geborgen werden. Mit Schaufeln, Hacken und einem Bagger gruben Philippe Tanne und sein kleines Team nicht nur Unterstände, Bunker und eine Vielzahl persönlicher Gegenstände der Stützpunkt-Soldaten aus, sondern ein höchst interessantes Stück Weltgeschichte – und menschliche Schicksale...

Philippe Tanne in der Uniform der Wehrmacht.

Bild oben: Überreste eines Feldbahnwagens, mit dem einst Baumaterial und Granaten transportiert wurden.
Fotos: von Keusgen 2004

Von Granatsplittern durchlöcherte Gasschutztür des Unterstandes R 501 SK.

Der Eingang zum L 410 – die Wände noch mit dem alten Anstrich, rechts die Bucht für den Lichtschalter.

Nach 60 Jahren wieder eine Baustelle – die weitläufige Anlage der MKB Marcouf wurde im Frühjahr 2004 freigelegt (Blick von der Kasematte Nr. 2 auf vier der fünf Ringstellungen und die Kasematte Nr. 1; Vergleich siehe Seite 50).

Die HKB-Kasematte Nr. 1 in Azeville ist seit 2004 ein Museum (Vergleich siehe Seiten 44/45 und 109).
Fotos: von Keusgen 2004

Pünktlich zu den Feierlichkeiten zum 60. Jahrestag der Invasion wurde das (Freilicht-Museum) *Musée de la Batterie de Crisbecq* am 1. Juni 2004 eröffnet.

Auf dem Gelände der ehemaligen Heeres-Küsten-Batterie Azeville hatte die *Conseil général de la Manche*, die das Terrain verwaltet, über zwei Jahre erhebliche Renovierungs- und Ausbauarbeiten betrieben, um auch dort rechtzeitig zum 60. Jahrestag ein ebenso interessantes Museums-Areal zu errichten. Zu diesem Zweck wurde die Kasematte Nr. 1 zu einem Empfangs- und Informationszentrum ausgebaut, in dem den interessierten Besuchern ein erster Einblick in die Ereignisse jener bewegten Zeit vermittelt wird, wofür inzwischen die damals zerstörte Casino-Baracke wieder neu aufgebaut wurde. Auch die Rundgänge durch die renovierten und teilweise neu ausgebauten Tunnels zu den verschiedenen Unterständen und Bunkeranlagen lassen in Azeville sowie bei Crisbecq gleichermaßen ahnen, mit welcher Heftigkeit dort ein Stück Land umkämpft wurde, an dessen Ende ein vereintes Europa entstand.

Nachwort

Die halb eingebrochene MKB-Kasematte Nr. 2 auf dem Gelände des heutigen Freilicht-Museums bei Crisbecq wurde nun wieder, wie im Jahr 1944, mit einem grobmaschigen Tarnnetz verhängt. Um so eindrucksvoller wirkt ihre dahinter befindliche dunkle, große Scharte, vor der im April 1973 einer der ehemaligen Stützpunktsoldaten stand und mit traurig-wirrem Blick hineindeutete und sagte:

„Da hinten drin, da wo die Decke eingestürzt ist, da liegen sieben Mann – meine Kameraden…"

Auch hatte der Veteran gesagt, Schreckliches habe sich an diesem Ort zugetragen, und war doch selbst der lebende Beweis dafür, daß der Krieg nicht nur die Körper der Soldaten verwundet, sondern auch ihre Psyche.

Und immer noch scheint es so, als stieße diese Bunkerruine einen Schrei aus ihrem weit aufgerissenen Riesenmaul aus – einen unhörbaren, niemals endenden, mahnenden Schrei....

Quellenverzeichnis

Korrespondenzen, Niederschriften, mündliche Erlebnisberichte, Pressemeldungen, militärische und behördliche Dokumente und Informationen

Yvonne-Marianne (Fafin) André – Erlebnisberichte
Marguerite Digeon, Landwirtin – Erlebnisberichte
Yvette Lecarpentier, Tochter von Marguerite Digeon – Erlebnisberichte
Suzanne Poisson, Tochter der Familie Dorey – Erlebnisberichte
Oberstleutnant a.D. Hans-Dieter Bechtold – militärischer Berater
Hans Blaschke, Militär-Kraftfahrer – Erlebnisberichte
Jacques Féron, Landwirt – Erlebnisberichte
Bernard Jaunet, Bürgermeister von St. Floxel – Erlebnisberichte
Oberleutnant Hans Kattnig – Briefe aus der Gefangenschaft

Gerd Kattnig, Sohn des Hans Kattnig – Erlebnisberichte seines Vaters

Marc Oliver Kulisch – Bunkerarchitektur und -technik

Sigrid Lackinger, Tochter des Hans Kattnig – Erlebnisberichte ihres Vaters

Thibaud Letellier, Verwalter *La Batterie d´Azeville* – architektonisch-technische Informationen

Oberleutnant Erwin Lohner, Batteriechef – Briefe von der Front

René Milet, Sohn des Bürgermeisters von St. Marcouf – Memoiren

Oberleutnant Walter Ohmsen – Rapport vom 1. Juli 1944 / Soldbuch

Monsieur Philippe Tanne, erster Besitzer des *Musée de la Batterie de Crisbecq* – architektonisch-technische Informationen

Prof. Hubert Treiber, Sohn des Dr. Hugo Treiber – Informationen betreffs seines Vaters

Dr. Hugo Treiber – Erlebnisberichte, Tagebücher / Briefe
Rever Xavier, Landwirt – Erlebnisberichte

„Die Muschel" – gleichermaßen informative wie heitere Chronik der Heeres-Batterie 10./745 des Jahres 1943 (von der Hans Kattnig zur 2./1261 kam).
Abbildung: Kollektion H. Kattnig

Dr. Hugo Treibers Tagebuch und Auszüge vom 6. und 7. Juni 1944.   **Abbildungen: Kollektion Dr. H. Treiber**

Bundesmilitärarchiv, Freiburg

Hauptmann Endress – Chronik der Heeres-Batterie 10./745, 1943

Deutsche Dienststelle für die Benachrichtigung der nächsten Angehörigen von Gefallenen der ehemaligen deutschen Wehrmacht, Berlin
– militärische Laufbahnen deutscher Wehrmachtangehöriger

Etablissement de Communication et de Production Autovisuelle de la Défense – visuelle Informationen

Festungs-Pionier-Kommandeur XIV – Baupläne vom 12.12.1942

Bauunternehmen Arge Schiffer – Betonierberichte 1942-1944

La Batterie d'Azeville

Musée de la Batterie de Crisbecq

Regiments-Gefechtsstab, Oberst Gerhard Triepel – Verlustmeldung vom 29.6.1944

Bildnachweis

Bundesarchiv, Koblenz
Etablissement de Communication et de Production Autovisuelle de la Défense / Frankreich
Musée de la Batterie de Crisbecq
National Archives and Records Administration, Coll. Park, Maryland / USA
Archiv Éditions Heimdal, Château de Damigny / Frankreich
Archiv Gerstenberg
Archiv von Keusgen
Archiv Jacques Lemonchois
Privatsammlung Yvonne-Marianne André
Privatsammlung Hans Blaschke
Privatsammlung Marguerite Digeon
Privatsammlung Jacques Féron
Privatsammlung Bernard Jaunet
Privatsammlung Marc Kulisch
Privatsammlung Lackinger
Privatsammlung René Milet
Privatsammlung Kapitänleutnant a.D. Karl-Heinz Bernhard
Privatsammlung Suzanne Poisson
Privatsammlung Dieter Schürger
Privatsammlung Philippe Tanne

Karikatur des HKB-Chefs Dr. Hugo Treiber an der Innenseite der Eingangstür zum Casino: An der einen Hand führt er symbolisch seine Soldaten, an der anderen seinen stellvertretenden Stützpunktführer Hans Kattnig (mit Tirolerhut). Neben der Tür ließ der tief religiöse Batteriechef ein großes Kreuz anbringen.
Foto: Kollektion H. Kattnig

Danksagungen

Für ihre freundliche Unterstützung am vorliegenden Werk bedanke ich mich bei folgen Personen und Institutionen:

Madame Yvonne-Marianne André , Madame Marguerite Digeon, Frau Sigrid Lackinger, Madame Yvette Lecarpentier, Madame Suzanne Poisson, Frau Ursula Rüttinger, Frau Margot Treiber, Monsieur Georges Bernage, Herr Oberstleutnant Hans-Dieter Bechtold, Herr Hans Blaschke, Monsieur Jacques Féron, Monsieur Bernard Jaunet, Herr Gerd Kattnig, Herr Wolfgang Kattnig, Herr Stephan Kühmayer, Herr Prof. Dr. Bernhard Lackinger, Monsieur Roger Lebarbenchon, Monsieur Jacques Lemonchois, Monsieur Thibaud Letellier, Monsieur Lieutenant-Colonel Jean Louis Leygonie, Monsieur René Milet, Monsieur Bernard Paich, Herr Heinz-Werner Sondermann, Herr Dieter Schürger, Monsieur Philippe Tanne, Herr Ulrich Veit, Monsieur Rever Xavier, Bundesmilitärarchiv, Freiburg, Deutsche Dienststelle für die Benachrichtigung der nächsten Angehörigen von Gefallenen der ehemaligen deutschen Wehrmacht, Berlin, La Batterie d'Azeville, Musée de la Batterie de Crisbecq und Tiroler Landesregierung, Innsbruck.

Danken möchte ich auch den sieben Veteranen, die mir im Lauf von über dreißig Jahren bei Azeville und Crisbecq ihre Erlebnisse berichteten. Dank auch meiner Ehefrau Elodie und Frau Karin Clarissa Röhrs.

Helmut Konrad von Keusgen

Impressum

Eine Veröffentlichung von
EK-2 Publishing GmbH
Friedensstraße 12
47228 Duisburg
Registergericht: Duisburg
Handelsregisternummer: HRB 30321
Geschäftsführerin: Monika Münstermann

E-Mail: info@ek2-publishing.com
Website: www.ek2-publishing.com

Alle Rechte vorbehalten

Autor: Helmut Konrad von Keusgen
Karten Helmut Konrad von Keusgen
Originalausgabe H.E.K.Creativ Verlag, 2005
Neuauflage EK-2 Publishing GmbH, 2024

Druck und Distribution im Auftrag von:
tredition GmbH, Heinz-Beusen-Stieg 5,
22926 Ahrensburg

Verpassen Sie keine Neuerscheinung mehr!

Tragen Sie sich in den Newsletter von EK-2 Militär ein, um über aktuelle Angebote und Neuerscheinungen informiert zu werden. Somit verpassen Sie auch kein Buch von Helmut Konrad von Keusgen! Wir werden nämlich Stück für Stück seine komplette D-Day-Serie sowie weitere ausgewählte Titel des Autors neu veröffentlichen.
Als besonderes Dankeschön erhalten Sie kostenlos das E-Book
»Die Weltenkrieg Saga« von Tom Zola. Enthalten sind alle drei Teile der Trilogie.

Link zum Newsletter: https://ek2-publishing.aweb.page

Über unsere Homepage:
www.ek2-publishing.com
Klick auf Newsletter rechts oben
Via Google-Suche: EK-2 Verlag